文化人的"死"与"生"

张建安 著

2014年·北京

图书在版编目(CIP)数据

文化人的"死"与"生"/张建安著.—北京:商务印书馆,2014
ISBN 978-7-100-10152-3

Ⅰ.①文… Ⅱ.①张… Ⅲ.①文化—名人—人物研究—中国 Ⅳ.①K825.4

中国版本图书馆 CIP 数据核字(2013)第 173734 号

所有权利保留。
未经许可,不得以任何方式使用。

文化人的"死"与"生"

张建安 著

商 务 印 书 馆 出 版
(北京王府井大街36号 邮政编码100710)
商 务 印 书 馆 发 行
三河市尚艺印装有限公司印刷
ISBN 978-7-100-10152-3

| 2014年10月第1版 | 开本710×1000 1/16 |
| 2014年10月北京第1次印刷 | 印张 20 1/4 |

定价:45.00元

自序

在我的想法中，本书既是独立的，但也算得上《文化名人的最后时光》的延续。"最后时光"之后就是"死亡"，而我要阐述的是，作为文化的载体，文化人其实可以"死而复生"。

生与死，向来分为两种：一种是肉体的生与死，一种是精神的生与死。本书显然侧重于后者。一方面，作为个体的文化人从文化中获取精神力量，从而完成学问的储备、人格的锻造，进而服务于社会，并将对以后的社会造成影响；另一方面，作为集体（可以为小集体，也可以是国家乃至整个人类）中的文化人，又存在着承前启后的责任，在知识的传播中，在精神的感召下，在师友间的互相影响中，文化得以永远延续下去……

本书依然采取典型事例的讲述，通过回顾一些文化人的往事，为读者提供借鉴与思考：真正的文化人应该怎样面对文化，面对困难，面对生死。

全书分为上、下两卷。上卷部分，讲述十几位文化人的个体言行，这些人有的在大陆，有的在台湾，所处的环境不同，经历也迥然不同，但精神其实是相通的。因为有一个共同的根，就是悠久的中国文化！还写了一个外国记者，也与中国有关，便收了进来。下卷部分，讲述一些亲朋师友间的交往，以及同道中人对于文化的承继与传播。这部分内容也许更能体现"死"与"生"的关系与内涵。

清华校长梅贻琦在抗战最艰苦的时候说："此时使人有长夜漫漫之感，但我们相信不久就要天明风停。"社会学家费孝通总结人生经验时说："人可以通过社会而不死。"国学家钱穆晚年做一对联："尘事无常，性命终得老去；天道好还，人文幸得绵延。"这些话，也正是本书所要阐述的核心思想。

"自强不息"，是中国文化的核心精神之一，激励我们要努力提高自己。但我想，"生生不息"也许更为深刻，符合宇宙规律，又切合人的生命规律。也许我们有时会虚弱或软弱，但我们总要生发出精神和力量，推动着自己和社会向前发展；也许我们的生命终归是脆弱的，是要死亡的，但我们总要将我们的精神延续并发扬下去，如此，我们与宇宙精神相合，自由而幸福！

张建安于通州晴暖阁

2013年4月17日

目录 Contents

上 卷

003　梅贻琦的"大学之道"

　　在民国，梅贻琦是可以与蔡元培齐名的大学校长。他不仅被称为清华大学的"终身校长"，带领清华在短时期内成为中国第一流的大学；而且他领导着抗战时期的西南联合大学，在极艰苦的条件下创造了无数的奇迹。梅贻琦因此受到清华、西南联大师生们的衷心拥戴；他的高贵品德影响着周围的人，被誉为圣贤；他的光辉事迹亦广为传播，受到世人的推崇。

031　汤用彤：钝儒之典型，学问之大家

　　季羡林说："在中国几千年的学术史上，每一个时代都诞生少数几位大师。是这几位大师标志出学术发展的新水平；是这几位大师代表着学术前进的方向；是这几位大师照亮学术前进的道路……汤用彤（锡予）先生就属于这一些国学大师之列。"了解汤用彤，可以成为了解中国学术发展的一个途径，可以从中学到国学大师的治学之道。

047　成舍我："我要说话"

　　记得2003年，当我从成舍我的女儿成幼殊老人手中接过《报海生涯——成舍我百年诞辰纪念文集》，翻看前面的照片时，这四个字突然间颤颤抖抖却非常有力地出现在我的眼前，让我心头一振，仿佛见到了成舍我的魂魄。此后，一想到成舍我，就总能想到这四个字。在成舍我的眼中，"我要说话"，不就是"新闻自由"吗！

069　张友鸾在艰难岁月中

　　1959年，张友鸾摘去了右派帽子，但处境似乎仍然不佳，性格则仍然磊落。他的女儿张钰回忆："记得反右以后，聂伯伯（指聂绀弩，反右运动中是古典部'独立王国'中的骨干，曾被打倒为'反革命分子'。）有时来看父亲，宿舍里的一些人对他侧目而视，他却旁若无人，昂首直入。父亲见他来了，马上置酒添菜，掩上房门。斗室之中，他们似乎忘记了外面的世界，依旧浅斟低酌，谈诗论文。"张友鸾的胸襟是非常开阔的。后来，聂绀弩赠张友鸾诗句："包袱三千种，心胸五百年。"

085　梁漱溟的底气与胆识

　　我一直在思考着，为什么梁漱溟在那样的形势下仍能有那样的血性？他的底气和胆识来源于哪儿？茫茫人海，为什么在无数人或狂乱或盲目或迷茫或屈服的时候，梁漱溟却能以其浩然之气独立于众山之巅，令人仰望？他的人格魅力究竟从何而来？

123　费孝通："人可以通过社会而不死"

　　我不由地想起费孝通生前说过这样的话："那么我能为下一代做些什么呢？我可以让他们知道，在我这一代，我们的自我认识、自觉性达到了什么水平。我将通过我的头脑留下一些东西给后来的人们。那就是文化。文化是寄寓在个人的头脑里的。个人的头脑会死亡，但是通过社会，个人头脑里的东西会积累起来，成为公共的财富。每一个人必须有助于文化的绵续和增积。因此人可以通过社会而不死的。"诚哉斯言！

129 　马寅初自焚《农书》经过

　　粉碎"四人帮"后，主持平反冤假错案工作的中央组织部长胡耀邦认真审阅有关马寅初的材料后，激动地说："我们再也不要犯这样的错误了。共产党应该起誓：再也不准整科学家和知识分子了！"

145 　曹禺的早年与晚年

　　到了晚年，经历过"文革"灾难的曹禺，虽然重新受到世人的推崇，社会地位和生活水平都非常高，但他的内心却非常痛苦。
　　一个作家，如果写不出好的作品，那么，这个作家将是一个什么样的状态？尤其对于曹禺这样一个特别敏感的作家。

153 　潘天寿遗言："担心的是国家和年轻人"

　　潘天寿和杜甫的遭遇何其相似，都是在年老无力时，被无知"群童"欺辱，可是在这样的厄境中，他想着更多人的幸福，想着国家，想着年轻人。
　　他为国家和国家的未来担忧呀！

157 　孙冶方遗言："我平生没有个人的怨仇"

　　如果孙冶方活到现在，他对一些政治运动的看法应该会发生一些变化。但我相信，他的原则不会变化：对于以前的政治运动，可以忘记的是个人的恩怨，这样整个社会才可以往前走。而对运动中颠倒了的理论是非，则应该完全纠正过来。

我再加上一句：忘记个人恩怨，不等于忘记这些历史；因为只有记住并总结历史教训，才可以避免悲剧的重演。

161　李可染："所要者魂"

李可染对中国画充满了信心。1989年刻"东方既白"，题跋曰："有人谓中国文艺传统已至穷途末路，而我却预见东方文艺复兴曙光"，表达他对中国绘画艺术的深刻理解和无比信心。他说："中国人画画到一定境界之时，思想飞翔，达到了精神上的自由状态，传统已经看遍了，山水也都看遍了，画画的时候什么都不用看，白纸对青天，胸中丘壑，笔底烟霞。"

181　吴冠中留在记忆中

吴冠中逝世于2010年夏天。也巧，我当时正在云南香格里拉旅游，在一家老字号里，同行的师友们正在挑选精美的礼品，我却突然间在旧沙发上看到一张报纸，上面赫然刊登了吴冠中先生去世的消息，心中不禁怅然，很久没有说话。我望着湛蓝湛蓝的天空，默默地祝吴先生一路走好……

189　范用的"走"与"未走"

2011年，纪念范用先生的图书《书痴范用》、《书魂永在——范用纪念文集》由人民出版社和生活·读书·新知三联书店共同出版，这是人们对他的怀念，相信以后还会有许多爱书的人会怀念范用，会想起他大力提倡的"读书无禁区"，会继续在他编辑过的好书中汲取丰富的精神力量。这样，范用先生似乎并没有走，依然在世间保留着他温暖的脚印。

195 **白修德：报道河南大灾荒的美国记者**

河南的人间惨剧令白修德的神经大受刺激。他看到死亡中挣扎的人们，饥饿的村民想要把他从马上赶下来，以便可以吃他的马。他听到人吃人的故事，听到村民勒死孩子然后吃掉的故事。他了解到当地政府对河南的旱灾不仅不能提供帮助，反而还想着法子从不存在的农民那里征税……遍地的饿殍仿佛在向他述说，促使他写出了《人吃人的河南灾荒》。

下　卷

211 **顾颉刚·钱穆·钱伟长**

顾颉刚人品极好，不遗余力地推荐重用人才，钱穆就是因顾颉刚的推荐，成为大学老师，进而更上层楼，成为国学大师。多年后，顾颉刚又热心帮助钱穆的侄子钱伟长"弃文学理"，于是又出现了一位科学家、教育家。钱穆、钱伟长之所以成为举世瞩目的大家，主要由于他们自身的努力，但如果没有顾颉刚这样的伯乐，不知道钱穆、钱伟长会有怎样的人生轨迹？

219 **钱穆与李埏、严耕望、余英时**

余英时亲眼目睹了钱穆在最艰苦环境下的办学经历，所以不仅在治学上多所收益，而且在做事为人上受到更多的教育。一年暑假，患了严重胃溃疡的钱穆，一个人孤零零地躺在一间空教室的地上养病。余英时问老师有什么事可以让他做，才知道此时的钱穆，内心里渴望读《王阳明文集》。最令余英时敬佩的是，钱穆无论在任何情况下都能无形地拥有自己的尊严。这份尊严，是内在修养形成的。李埏、严耕望无不深受钱穆学识与修养的熏陶，进而成为学界名师。

251　熊庆来·华罗庚·陈景润

　　　　当华罗庚在1954年认识陈景润时，陈景润的处境非常糟糕。这位数学天才性格内向，在厦门大学数学系毕业后分配到北京当老师，却因学生听不懂他讲的课而被退回到原校，在厦大图书馆工作。华罗庚偶然了解到陈景润的情况以及陈正在研究的数学课题，觉得陈景润是个可造之才，便像当年熊庆来破格提拔他一样，破格将陈景润调到中国科学院数学研究所。又一位数学大师由此崭露头角。

261　陈垣对启功的破格聘用

　　　　1935年，辅仁大学附属中学教师启功被解聘。理由是："中学还未毕业就教中学，不够资格。"启功很是灰心，觉得自己的教学能力比别的老师还要好，而且尽心尽力地工作，教出来的学生也非常优秀，为什么就因为没有一张纸而被挡在学校外面。他却不知道，好运正等着他。国学大师陈垣，时任辅仁大学校长，他知道启功的遭遇后，对启功说："当不成中学老师，就来大学当老师吧。"

267　从蔡尚思说到张舜徽

　　　　资格和学问，官位和道德，孰轻孰重，大家应该有个基本的判断。这反应着国民素质的高低。还有，学历和学力，到底哪个是根本，哪个是枝叶？也应该有最常识的判断吧。但现实生活中，往往就是本末颠倒。
　　　　另有一点，自学成才就不是才吗？当然是！诚如蔡尚思所讲："求学成才和自学成才则是都应该提倡的。"

275　从季羡林说到马识途

"文革"结束后，马识途决心将自己在"文革"中的经历写成书，他"希望从这些鲜为人知的事实中，引发善良的人们进行冷静的思考，从这里得出必要的结论，引为将来的鉴诫"。这本书就是《沧桑十年》。出版之前，80多岁的马识途曾专程向季羡林请教，他们谈起了"文革"，畅所欲言，相见恨晚。当马识途拿出书稿时，季羡林更是非常高兴，马上答应给这本书写序，而且害怕这本书无法出版，特地出钱到街上复印了一份自存。

303　从沈从文到莫言

在获悉沈从文、莫言乃至梁漱溟、钱穆、华罗庚、陈景润、启功、金克木等等自学成才者之后，我也不妨再强调一个问题：就是选用人才问题。

选用人才时究竟应该以能力为根本，还是应该以学历为根本？我的回答是：当然应该以能力为根本，学历只是体现能力的重要参考，"唯学历"则完全本末倒置。这应该是一个很浅显的道理吧。

上　卷

　　上卷部分，讲述十几位文化人的个体言行，这些人有的在大陆，有的在台湾，所处的环境不同，经历也迥然不同，但精神其实是相通的。因为有一个共同的根，就是悠久的中国文化！还写了一个外国记者，也与中国有关，便收了进来。

梅贻琦(1889—1962)

梅贻琦的"大学之道"

在民国，梅贻琦是可以与蔡元培齐名的大学校长。他不仅被称为清华大学的"终身校长"，带领清华在短时期内成为中国第一流的大学；而且他领导着抗战时期的西南联合大学，在极艰苦的条件下创造了无数的奇迹。梅贻琦因此受到清华、西南联大师生们的衷心拥戴；他的高贵品德影响着周围的人，被誉为圣贤；他的光辉事迹亦广为传播，受到世人的推崇。

"大学之道"的核心

"大学之道，在明明德，在亲民，在止于至善。"这是中国古代教材《大学》中的名句，没想到被留过洋的大学校长梅贻琦活学活用，并与西方民主制度、先进理念相结合，培养造就了中国第一流的人才。

梅贻琦在《大学一解》中说："今日中国之大学教育，溯其源流，实自西洋移植而来，顾制度为一事，而精神又为一事。就制度言，中国教育史中固不见有形式相似之组织；就精神言，则文明人类之经验大致相同，而事有可通者。"这种古今中西可以相通的精神，就是"大学精神"，可提炼为"明明德"与"新民"两个方面。"明明德"是指个体人格的修养，可称之为"修己"，"若论其目，则格物、致知、诚意、正心、修身，属明明德"。这里面既包括知识的学习，更包括道德的修养、整体素质的提高。"新民"则是个体对家庭、社会、国家、人类要做的贡献，即"齐家、治国、平天下，属新民"。这就涵盖了办大学以及上大学的目的所在。办大学主要是为了研究学术、培养造就人才，上大学则是为了成就自我，以后能更好地生活，服务于社会。这也许就是梅贻琦"大学之道"的核心，而更重要的是，他将这种理念深入而广泛地贯彻于实践当中。

在民国，梅贻琦是可以与蔡元培齐名的大学校长。他不仅被称为清华大学的"终身校长"，带领清华在短时期内成为中国第一流的大学；而且他领导着抗战时期由北大、清华、南开组成的西南联合大学，在极艰苦的条件下创造了无数的奇迹，成为空前绝后的大学。梅贻琦因此受到清华、西南联大师生们的衷心拥戴；他的高贵品德影响着周围的人，被誉为圣贤；他的光辉事迹亦广为传播，受到世人的推崇。

可是，由于梅贻琦在1949年离开祖国大陆，鉴于一些政治原因，他的名字似乎被蒸发了，以至于新时期的青少年很少有人知道他。然而就像所有曾经发散伟大光芒的历史人物一样，梅贻琦终究不会永远被埋没，因为他的精神不死，业绩永存！

梅贻琦的品德修养、思想教育一旦被重新发现，我们就会感觉到，直到现在，梅贻琦依然毫不过时，他的风范仍足以为我们的楷模，他的办学经验仍足以给我们无尽的启发。如此，我们感觉他死而复生，活泼泼地成为我们的师长。正如梅贻琦1962年逝世后的第二天，顾毓琇就写了《没有死亡——献给梅校长月涵师》：

    没有死亡：水仙花这样地宣称；
    蝴蝶兰在窗前舞跃着也这样声明。
    燕子飞来发誓，黄鹂鸟好作见证。
    五月的一切灿烂光景谁不知情？

    没有死亡：亲朋抑郁的心啊，相信吧！
    天地和太阳同在金声中合唱悠扬。
    生命由爱育而永生，你们能疑虑吗？
    把忧愁抛在炎夏的火里，不要悲伤！

    没有死亡：青青草原的云雀重复地唱。
    清华园荷花池畔的钟声赞赏响应！

文化人的"死"与"生"

整整三十年的春风化雨，桃李成行；
长城的烽火销散，昆明湖依然宁静。

没有死亡：原子炉的临界可以保证。
静听呀，宇宙的神秘像呼吸般轻盈，
在核心破裂中放射出无穷的巨能。
伟大的梅先生！高风长在，英灵永生！

担任清华大学校长之前

梅贻琦，字月涵，1889年12月29日生于天津。15岁入敬业中学堂（南开学校的前身），成为张伯苓的高才生；20岁时考取清华第一批官费留学，入美国吴士脱工业大学（Worcester Polyte Chnic Institute）学习电机工程专业，1914年获工学士学位。1915年春，梅贻琦回国，先在天津基督教青年会担任学生部书记，9月即到清华学校任教，教过数学、英文、物理，主讲过测绘、工程事业、运输等副课，讲演过《爱因斯坦学说》、《洋灰制造法》、《矿地设备》等专题，因其学识渊博，被公认为"科学各教授的首领"。他尤其对中国的教育事业投入巨大的热情，有着高远的志向。到清华学校工作仅四个月的时候，他就与其他教师一起主持关于教育问题的辩论会，辩论的主

张伯苓

题是"对于现在之中国,雅典(普通)教育方针较斯巴达(人才)教育方针为合宜"。他还先后担任清华"唯真学会"顾问、教员学术研究会书记、西文编订课程委员会委员、科学社顾问及名誉社长等职,还在校外与陶行知、曹云祥等人一起组织"中国科学教育促进研究会",并担任管理部书记。1921年至1922年,梅贻琦利用休假时间再次前往美国深造,到芝加哥大学学习、研究物理,获机械工程硕士学位,并一度担任纽约大学讲师。1922年,他遍游欧洲各国,了解各国的教育情况,获得很多宝贵的经验,之后返回中国,继续在清华学校任教,担任物理首席教授。此时,清华学校正酝酿着一场改革,筹设大学部,梅贻琦被委任为改革学校调查委员会委员。1925年,清华学校增设大学部。1926年,因教务长张彭春辞职而引发"改进校务"的热潮,其成果之一就是教务长不再由校长直接指派,而由教授会从教授中公举,梅贻琦成为改制后的首位教务长兼训育委员会主席,由此对清华全局发生影响。

任清华教务长时的梅贻琦

此时的清华,民主风气已有一定的基础,评议会、教授会即为突出的体现。按1926年《清华学校组织大纲》规定,校长的职权为统辖全校事务。设评议会,以校长、教务长及教授会互选之评议员七人组织之,校长为当然主席。评议会的职权为:一、规定全校教育方针;二、决议各学系之设立、废止及变更;三、决议校内各机关之设立、废止及变更;四、制定校内各种规则;五、委任各常任委员会；六、审定预算决算；七、授予学位；八、决议教授、讲师与行政部各主任之任免；九、决议其他重要条件。并附注：关于第一、第二、第三、第六各项之事件，评议会之议决经教授会三分之二之否认时应交评议会议。设教授会，以全体教授及行政部各主任组织之，由校长为主席，教务长为副主席。教授会的职权为：一、选举评议员及教务长；二、审定全校课程；三、决议向评议会建议事件；四、决议其他教务上公共事项。这就是世人津津乐道的"教授治校"的雏形，梅贻琦是其主要倡导者之一。

作为教务长，梅贻琦综理全校教务。教务长的职权为：一、召集各系主任会议办理下列事项：甲、编制全校课程。乙、考核学生成绩。丙、主持招考及毕业事项。丁、汇审各系预算。二、施行学生训育；三、指导学生事业。按照规定，教务长任期为二年，梅贻琦即在这两年时间内展现出卓越的办学才略，为日后成为清华大学校长奠定了基础。

当时的清华学校大学部尚处在草创阶段，很多方面都在调整。学制上笼统地划分为普通科和专门科，其实专门科还未实行。对于普通科，学生们普遍反映其培养目标不明确，不文不理，与国内一般大学不相衔接，学了没用，也没有学习兴趣。针对这一情况，梅贻琦实施改革，将两科制改为学系制，将学校特点与时代、环境之需要相结合，设立国文、西文、物理、化学、生物、历史、政治、经济、教育心理、农业、工程、东方语言等十七个学系，制定了新的组织大纲和学程大纲，并把全校教师分为教授、讲师、教员、助教、分别部署各系。

对于学生，梅贻琦希望学生在四年的学习中，不要局限于自己的专业，因为"知识之为物，原系综合联贯的"，"求学固贵乎专精，然而狭隘之弊与宽泛同"。因此在课程设置上，学生在第一年专用于文字工具之预备及自然科学与社会科学之普通训练。第二年以后，学生虽然要选定专修学系以从事专门之研究，但各系规定课程，多不取严格的限制，在必修课程之外，多给予学生时间，使其能够根据自己的情况旁习其他科目。梅贻琦特别重视体育，并规定在校学生都要必修体育，"必使在校各个学生，皆得受相当之训练，使其体力增长，能应将来做事之需要，而毋为心知之累，斯为体育之真目的，斯为在校学生人人必须注意之工作"（1927年《清华学校的教育方针》）。

教师环节，是梅贻琦尤其重视并做出巨大贡献的。他担任教务长之初，教师配备远远不够，于是他将聘请好教员作为自己工作的重中之重。1927年，他在《清华发展计划》中表示："清华行政各部分现已发展到相当地步，将来可不再扩充；现在要竭力发展的就是教学部分——多聘好教员，增加教学设备，此为将来发展的主要点。"经过两年多的努力，清华的教学骨干基本形成，如朱自清、叶企孙、吴宓、熊庆来、金岳霖、马约翰、王国维、梁启超、陈寅恪、赵元任、李济等，可谓大师云集，为清华注入了无穷的活力。

清华国学研究院成立于1925年，初以吴宓为办公室主任，处理日常院务。一年后，吴宓辞职，院务由教务长梅贻琦直接管理。清华国学研究院存在时间仅为1925年到1929年四年，但闻名遐迩，既有令人敬佩的四大导师王国维、梁启超、赵元任、陈寅恪以及李济等人，又培养造就了许多国学名家，如吴其昌、王力、蒋天枢、姚名达等人，撑起了中国国学的半壁江山。而之所以如此，仍然与梅贻琦密不可分，主要得力于他科学的管理，以及他一贯提倡的"明明德、新民"的大学之道。

文化人的"死"与"生"

当时的清华还设有留美预备部,该部学生毕业后一律资送赴美留学。梅贻琦本人曾经赴美留学,深知留美的好处,同时明了好处归好处,但如果没有正确的态度,好处会变成大错,所以他于1927年5月,在应届留美预备部毕业学生即将赴美前夕发表《赠别大一级诸君》,对出国留学者进行忠告和劝勉。此文也体现了梅贻琦的人生观,即便在今天仍有不可磨灭的价值,录于下:

诸君不久将在清华毕业,放洋游美。这是诸君在校数年以来所有的一个大希望,这希望不久就要实现了,诸君的快乐可想而知,所以凡校中诸师友当然要为诸君祝贺!

吾们祝贺诸君的意思,一小部分是因为诸君要得到一个大成功的机会。但是这个机会,不过使诸君有求得高深学问的可能,至于实在成功的多少,还要看诸君努力的程度如何,能不能利用这极宝贵极难得的机会到十足的地步。所以吾在祝贺之外,觉得应向诸君说几句劝勉的话。

诸君此去,在身心的各方面,一时都要受非常的刺激;就是衣食住,亦要改变常态。在这种急剧变化之中,最要紧的,是要守住了个人意志的平衡。因为诸君在美国,倘若穿洋服、吃洋饭不合乎洋式,是不必太介意的。反而言之,倘若把学业荒废了,终日竟颠倒于新大陆中繁华奢靡的社会里,那便是万分的可惜!诸君以前的同学,曾有过这样的。诸君或不至这样做。然即不至如此之甚,倘不能将轻重缓急,看得十分亲切,照定远大地方努力去做,亦便是平庸一流。不但辜负了国人的资财、师友的期望,恐怕亦不是诸君想去的初衷。

至于诸君到美国求学的方法，当然与在国内是一样的，无需多说。吾愿诸君在那里，无论研究哪种学问，考察哪种事业，都要保持着一种科学家的态度，然后才能得到真实的学问，才能对于美国的事物得到允当的了解。这科学的态度，吾以为应有以下几种成分：第一不要预存成见；第二要探究事实；第三要根据事实，推求真理；第四要对于真理忠诚信守。

诸君所去的美国，与我们的国家有许多不同的地方。美国的社会里面，有很好的，亦有很坏的；有吾们要极力取法的，亦有吾们应极力避免的。在从事于研究选择的时候就要抛弃主观的思想，务从实际上考察，才能得到一种确当的结论，然后带回国来施用，才能不发生危险。再说诸君在美的这几年，亦正是世界上经受巨大变化的时期，将来有许多组织或要改革，有许多学说或要变更。吾们生在这个时候，不能不受他们的影响，亦不能不将他们看清楚了，好做取舍的决定。这样我们应保持科学家的态度，不存先见，不存意气，安安静静地去研究，才是正当的办法，才可以免除将来冒险的试验、无谓的牺牲。

诸君当临别的时候，预备正忙；赠别的话，不宜太多。所以吾最后只要劝诸君在外国的时候，不要忘记祖国；在新奇的社会里面，不要忘掉自己；在求学遇着疑难问题的时候，务要保持科学的态度，研求真理。

1928年5月，梅贻琦教务长的两年任期已满，但随即被教授会议连选为教务长。6月，奉系军阀张作霖被国民革命军赶出北京，南京政府控制北京，作为奉系人物的清华原校长温

文化人的"死"与"生"

清华园

应星离职，南京国民政府致电梅贻琦，委托他暂代校长职务。此时出现了南京政府大学院（相当于教育部）与外交部的争执，都想接管清华，梅贻琦采取"一切校务，已有规定者照办，新的建议缓办"、"遇到单方接管时，征求双方同意，方可移交"等思路，沉着冷静地处理校务，使清华得以平稳地过渡。等大学院与外交部达成暂时共同管辖清华的协议，并将清华学校改名为"国立清华大学"、组成新的董事会之后，梅贻琦也完成了他这一时期的使命。1928年8月17日，南京政府任命罗家伦为第一任国立清华大学校长。11月,梅贻琦因公正廉洁,被南京政府任命为清华留美学生监督处监督,赶赴美国,对开支浮滥的监督处做全面改革。梅贻琦到任后节俭开支,高效办事,很快就把监督处办成颇具吸引力的"留学生之家",深得学生信任。梅贻琦还深入到留学生中间,为他们排忧解难,施嘉炀后来回忆:"在担任留美学生监督时期,梅先生也是经常到各地了解学生的学习情况,就地解决他们在专业选择以及学习上的各种困难。"

梅贻琦在美期间,清华大学内部变乱纷呈。首先是师生们掀起的"倒罗"风潮,迫使罗家伦于1930年5月22日辞职离校。接着是阎锡山想要安插乔万选出任清华校长,被师生拒之校外。清华大学连续11个月没有校长,蒋介石亲选国民党中央政治学校副教务主任吴南轩为清华校长,没想到刚刚一个多月,清华教授会就通过决议,谴责吴南轩"唯务大权独揽,不图发展学术""蔑视教授人格,视教员为雇员",要求教育部另任贤能,"倘此问题不能圆满解决,全体教授定于下学期与清华脱离关系"。与此同时,学生自治会也召开全体学生大会,坚决支持教授会决议,由全体同学整队至校长室,请其即时离校。吴南轩竟携带清华印鉴逃到使馆区"避难",并在外国人的庇护下挂起"国立清华大学临时办公处"的招牌,此举更加激怒了清华的师生,组成"护校委员会",宣称如有武力介入,不惜以流血来捍卫清华。吴南轩最终被迫辞职。清华大学学生会随即发表清华校长人选的五条标准:一、无党派色彩;二、学识渊博;三、人格高尚;四、确能发展清华;五、声望素著。此后,教育部又多次选任清华校长,但均非合适人选。清华大学的情况引起了社会各界的普遍关注。人们急需合适的人选,但中国

文化人的"死"与"生"

任清华大学校长时的梅贻琦

之大竟一时无法找出。这个时候,有人想到了远在美国的梅贻琦,他才是大家都可以接受的。如此,1931年12月,42岁的梅贻琦从美国返回,出任清华大学校长。

靠什么吸引大师?

"所谓大学者,非谓有大楼之谓也,有大师之谓也。"这句世人传颂的名言,是梅贻琦出任清华大学校长的第一天,便在就职演说中阐述的。为什么这样说?因为"一个大学之所以为大学,全在于有没有好教授","我们的智识,固有赖于教授的教导指点,就是我们的精神修养,亦全赖有教授的 inspiration"。大学是研究学术、造就人才的地方,最重要的是要有好老师。这是根本。大楼之类的教学设备不能说不重要,但毕竟是辅助,构不成大学的精神,不能本末颠倒。盖大楼、买设备,相对简单,只要有钱,又肯把钱用到这方面,就不难办到,而大师却不是用单纯的钱就可以办到的,也绝不是一朝一夕能够罗致的。所以梅贻琦强调:"我们只有随时随地留意延揽而已。同时对于在校的教授,我们应该尊敬,这也是招致的一法。"那么,该如何尊敬呢?是不是让大学成为官僚机构,高墙保护,大楼林立,给教授们以功名的利诱、等级的差别,让他们整日专营于自己的物质利益,沉溺于论文的发表以求得高职称,以项目的运作以求得别墅宝马?……当然不是!而且这真是彻底地玷污了大学！也毁掉了大学！梅贻琦尊重大学教授，不只是在言行上尊重，也不只是在合理的条件下尽量给予他们好的物质待遇和教学条件，这些只是基础，最根本的尊重，我认为，是在清华坚定地贯彻了民主制度。

　　清华教授朱自清对此深有体会，他在1940年所写的《清华的民主制度》中，我们能看出其中的一些道理：

　　　　我们虽生在一个民主的国家里，可是真正建立在民主精神上的组织，似乎还只是极少数。在这极少数当中，清华大约可以算得上一个。在清华服务的同仁，感觉着一种自由的氛围；每人都有权利有机会对学校的事情说话。这是并不易得的。

　　　　清华的民主制度，可以说诞生于民国十八年。十八年到二十年，这两年多实际上没有校长，但学校一切，如常的进展，于是从民主精神的表现，到民主制度的确立。这中间曾经有过一回大风险，居然安稳的渡了过去。但这制度究竟还是很脆弱的，若是没有一位同情的校长支持的话。

　　　　梅月涵先生便是难得的这样一位同情的校长。他和清华关系之深，是大家知道的；他爱护清华之切，也是大家知道的。但难得的是他知道怎样爱护清华；他使清华在这七八年里发展成一个比较健全的民主组织，在这个比较健全的民主组织里，同仁都能安心工作，乐意工作。他使同仁觉着学校是我们大家的，谁都有一份儿。

　　　　有人也许惊奇，为什么梅先生在种种事件上总不表示他的主见，却只听大家的。是的，这的确可惊奇。但是可惊奇而且可敬佩的是他那"吾从众"的态度和涵养。他并不是没有主见的；只看抗战以来，教授会、评议会不得已而暂时停顿的时候，他的种种措施，就可以知道。但教授会和评议会的停顿，究竟是清华民主制度的损失，虽然校务会议还存在着。

梅先生比别人更明白这种情形。在学校迁到昆明第二年，一切渐入常轨的时候，他便和校务会议诸先生决定恢复教授会和评议会。一年来开会虽然不多，但清华的民主精神已经重新活跃起来了。相信在梅先生领导之下，清华的民主机构，最近的将来就会恢复常态的。

但这个民主的机构，由大家的力量建成，还得大家同心协力来支持；梅先生和校务会议诸先生虽然领导有方，但单靠校长和少数人还是不成。——只要同仁都能像梅先生一样爱护清华，并且知道怎样去爱护，一切顺其自然，不去揠苗助长，清华的民主制度，前途一定是光明灿烂的。

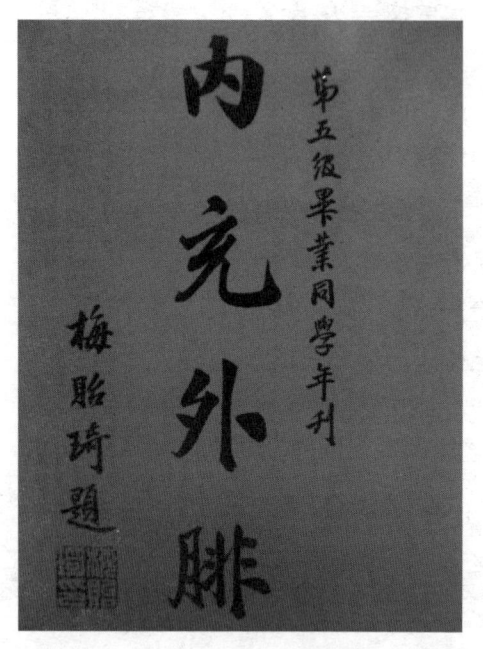

1933年，梅贻琦为清华学生毕业年刊题词

"民主制度"，可以说是梅贻琦的尊师之道，更是他办学成功的关键所在。有了这个内在的基础，加上清华较为雄厚的资金，长足的发展，梅贻琦聘请了一大批顶级教授，这些教授不仅是学问家、专业权威，能指导学生如何读书，如何研究学问；而且与梅贻琦一样，能指导学生如何做人，更能以自己的大师风范潜移默化转换风气，给学生以深远的影响。这才是真正的好大学，接近了梅

贻琦所追求的："学校犹水也，师生犹鱼也，其行动犹游泳也，大鱼前导，小鱼尾随，是从游也，从游既久，其濡染观摩之效，自不求而至，不为而成。"整个学校形成了俭朴好学的校风。至于梅贻琦本人，他虽是学校的领导者，将大家的智慧和力量汇聚到一起，

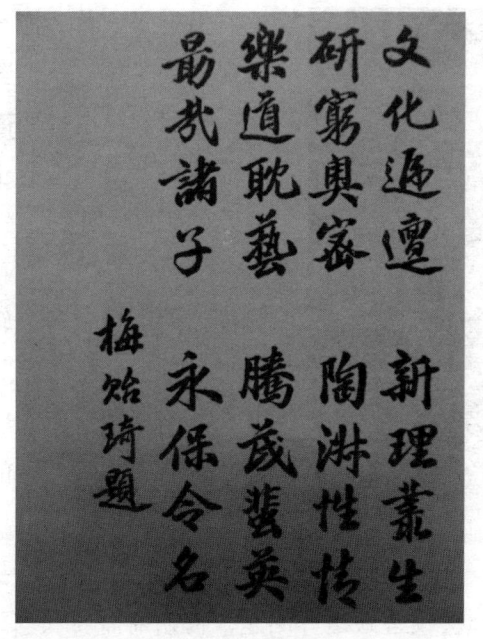

梅贻琦为《清华校友通迅》所写的题词

但他乐于把自己放在大家的后面，如此，清华得以突飞猛进。按照何兆武的说法："1928年清华学校正式升格成立清华大学，到1937年抗战前，只有不到十年时间，清华大学已经成为国内第一流的大学。"

西南联大的把舵人

1937年"七七"事变后不久，平津陷落。同年8月，国民党政府决定清华大学、北京大学、南开大学在长沙组成国立长沙临时大学，由蒋梦麟、张伯苓与梅贻琦三人任校务委员会常务委员。开课仅两个月，南京失守，武汉震惊。1938年2月，长沙临大奉命迁往云南昆明、蒙自两地，改称国立西南联合大

文化人的"死"与"生"

蒋梦麟

学,仍由张、蒋、梅三人任常委,梅贻琦兼任常委会主席。张伯苓、蒋梦麟均常在重庆并另有职务,主持西南联大校务的工作实际上落到梅贻琦一人身上。这也是梅贻琦一生中最艰难的时期。

国立西南联大在刚建立便遭遇许多困难,三校师生历尽艰苦,转徙数千里,来到边陲昆明,在经费、校舍、设备均奇缺的情况下,史无前例、平地而起地成立一个中国最大的大学。梅贻琦所考虑的,不仅仅是如何安排这么多人的食宿,更重要的是如何在解决校舍、增添教学设备的基础上,稳定并提高教学质量。为了解决校舍缺乏等问题,梅贻琦需要和当地政府不断协调,以得到他们的支持。为了解决教学设备短缺等问题,梅贻琦需要往返于昆明、重庆之间,以最大的可能获取中央政府的支持,

国立西南联合大学校门

得到必须的经费。

梅贻琦的儿子梅祖彦回忆:"父亲为维持学校顺利运转,曾花费很多精力和时间与中央政府以及当地领导层保持关系,使得在办学经费、物质供应、运输工具、学生校外活动,乃至就业安排等均取得了有关方面的支持。每年父亲必须去重庆奔走一次或几次,那时由昆明到重庆乘飞机是件大事,要半夜起床,很早到机场去等候,飞机不定什么时间起飞,可能一天走不成,第二天再来试。1941年春夏父亲和郑天挺、罗常培两先生到重庆办事,以后去了四川叙永分校看望师生,又到李庄北大文科研究所了解情况,最后到成都访问了武汉大学和四川大学。途中饱尝了敌机轰炸、阴雨饥寒及车船不便的艰辛,在旅途中耽搁了近3个月才回到昆明。"

当时,北大、清华、南开虽然共同组成联合大学,但各校有自己的传统,而且各有校务会议,各有校长、系主任和教务长等组织系统,其师生状况、教学设备、研究经费各有不同,思想、关系均很复杂,梅贻琦却在张伯苓、蒋梦麟的支持下,公正地理顺并处理好三校的关系。无论条件多恶劣,他始终跟大家患难与共,善于汲取各方面的意见,赢得了三校师生的普遍尊敬与支持。

联大教授郑天挺后来回忆:"在联大八年患难的岁月里,梅校长始终艰苦与共,是大家经常提到的。""在昆明生活极端困难的时候,清华大学利用工学院暂时不需用的设备设立清华服务社,从事生产,用它的盈余补助清华同人生活。这事本与外校无关。梅校长顾念联大和北大南开同人同在贫困,年终送给大家相当于一个月工资的馈赠,从而看出梅校长的公正无私。""梅校长在工作中,对事有主张,对人有礼貌。遇到问题,总是先问旁人：'你看怎样办好？'当得到回答，如果是同意，就会说，'我看就这样办吧！'如不同意，就会说，我看还是怎样怎样办的好，或我看如果那样办，就会如何如何，或者说，'我看我们再考虑考虑。'他从无疾言愠色，所以大家愿意和他讨论。"有了这样的把舵者，就有了三校师生精诚团结、互帮互助的基础，他们得以共同创造出中国教育史上的奇迹。

梅贻琦是一位爱国者，但他的一贯主张是：学生的主要任务是读书，不是参加政治活动。早在清华校长就职典礼上谈到国事时，他就说："中国现在的确是到了紧急关头，凡是国民一份子，不能不关心的。不过我们要知道救国的方法极多，救国又不是一天的事。我们只要看日本对于图谋中国的情形，就可以知道了。日本田中的奏策，诸位都看过了，你看他们那种处心积虑的处在，就该知道我们救国事业的困难了。我们现在，只要紧记住国家这种危急的情势，刻刻不忘了救国的重责，各人在自己的地位上，尽自己的力，则若干时期之后，自能达到救国的目的了。我们做教师做学生的，最好最切实的救国方法，就是致力学术，造成有用人材，将来为国家服务。"在西南联大，梅贻琦依然是这样的主张。这样的主张与革命救国的主张有所不同，所以也受到了一些质疑，但客观事实是，正因为有这样的思想，在他的主持下，"联大保存了原来三校的教学班子，维持了'学术第一、讲学自由、兼容并包'的学风"，历经九年，培养出一大批中国最优秀的学者。光是科学家，既有两位诺贝尔奖的获得者杨振宁、李政道，又有获得国家最高科学技术奖的黄昆、刘东生，也有研制"两弹一星"郭永怀、陈允芳、屠守锷、王希季、邓稼先、朱光亚等元勋，还有包括唐敖庆、涂光炽等大批院士……

梅贻琦的"大学之道"

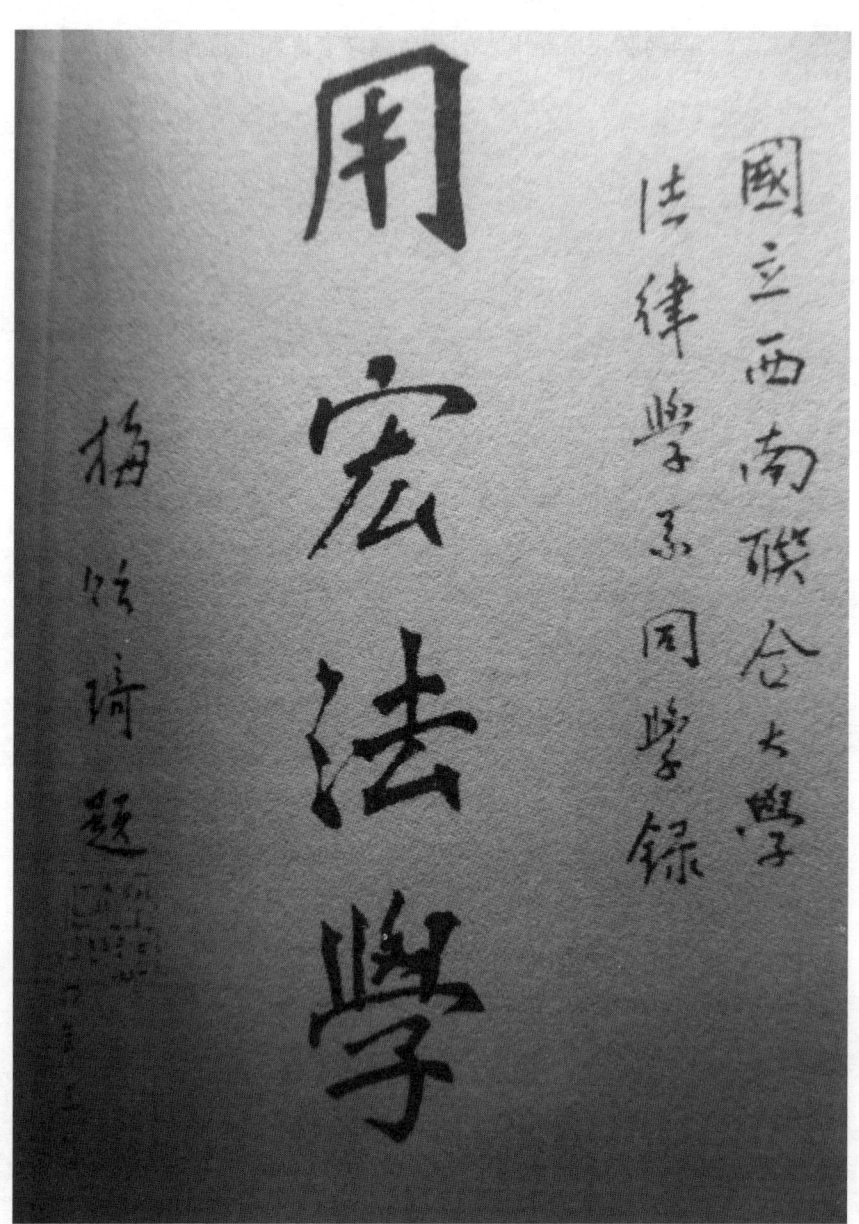

梅贻琦手迹

西南联大培养出来的著名翻译家许渊冲这样评价梅贻琦：

梅校长是道德境界，他非常重德，不过，重德也有各种不同。……梅校长却只要求学生学习好，不管你是什么派。当年国民党要西南联大开三民主义课程，梅校长只开了几个讲座。尽管当时校园里也有三青团，但并没有什么大的作用。我们用现在的眼光来看过去是错误的。当年国民党三青团在校园的作用远远不如现在共产党、共青团在学校里的影响大。在当年校园里，三青团没什么地位，人们不怎么在乎三青团，国民党也没什么地位，教授们大多不是国民党党员，名教授基本上都不是。冯友兰是文学院长，本来并不是国民党党员，是后来拉进去的。吴宓教授没有入党，很多名教授都不是党员。张奚若教授是老革命，因为他跟随孙中山一起参加过同盟会。总之，当年学校并不把政治看得那么重要。那时认为，一个人德好，和政治没有必然关系，政治并不等于德。现在有人则把政治等同于德，这是现在与过去的区别。

我认为梅校长的教育思想在当时是起了好作用，但他主张的和现在的路线并不相同。我们这代人受梅校长的影响比较大。若不是采取他的教育思想，这么多人才就不一定出得来了。

梅贻琦以学生学习为第一要务，但在特殊情况下也会做特别处理。1941年，美国志愿空军来华参加抗日战争急需大量的英文翻译时,梅贻琦号召联大外文系三四年级的男同学参军，去完成这一政治任务。1943年11月10日，梅贻琦又在新校舍和工学院动员应届四年级身体合格的男生去当美军翻译官。在此期间，梅贻琦的儿子梅祖彦虽然还不到四年级，却提前参军。梅贻琦的女儿梅祖彤也随军做了护士。从1941年到1945年，后方大学生被征调为翻译官的约4000人，其中联大学生约400人，占10%，为中国的抗日战争做出了突出贡献。

1941年，太平洋战争爆发，日军侵占越南，云南一下子从后方变成了前方。西南联大所在的昆明距前线只有400多公里，日机几乎每天都要到上空轰炸，西南联大的校舍也曾数次遭轰炸，人心惶惶。此时的梅贻琦承受了更大的压力，但他镇定领导，全校师生照常上课，弦诵之声没有中断。日机一来，师生们就必须跑警报，疏散开来以减少损失。这个时候，紧张的氛围不免使大家慌乱，但梅贻琦的镇定起了很好的稳定作用。何兆武深情地回忆："我多次看见梅先生和我们一起跑警报，梅先生那时快六十岁，他从来不跑，神态平静和安详，不失仪容，总是安步当车，手持拐杖，神态稳重，毫不慌张，而且帮助学生疏散，嘱咐大家不要拥挤。我觉得他那安详的神态，等于给同学们一付镇定剂，你看老校长都不慌不忙，我们还慌什么？……梅先生的从容，给我们做出了一个典范。"

1920年，梅贻琦与夫人韩咏华、长女梅祖彬合影

此时，西南联大的经济情况也更加艰难了。为摆脱困境，梅贻琦想方设法开办咨询机构、"清华服务社"，承接业务，将所获利润逐季分配给西南联大的同人。

同一年，梅贻琦在昆明公祝会上答辞，说："不过在这风雨飘摇之秋，清华正好像一个船，漂流在惊涛骇浪之中，有人正赶上负驾驶它的责任，此人必不应退却，必不应畏缩，只有鼓起勇气坚忍前进，虽然此时使人有长夜漫漫之感，但我们相信不久就要天明风停。"在这样的努力与坚持中，梅贻琦与西南联大终于迎来了抗战胜利。1946年，西南联大结束，梅贻琦成功地完成了自己的神圣使命。

一个时代的斯文

三校北返后，清华、北大、南开重新分开，梅贻琦继续担任清华大学校长，鞠躬尽瘁，为清华北返后的复员、休整、扩充而努力。但不久，他就对国共内战深感担忧，在日记中写道：

> 倘国共问题不得解决，则校内师生意见更将分歧，而负责者欲于此情况中维持局面，实大难事。民主自由果将如何解释？学术自由又将如何保持？使人忧惶！深盼短期内得有解决。否则非但数月之内，数年之内将无真正教育可言也。

1948年12月13日，北平（即北京）解放围城战斗开始。梅贻琦上午离校进城取校款，下午给员工发放工资。第二天，他再次进城，城门被关，他无法返回清华。12月21日，梅贻梅贻琦的"大学之道"

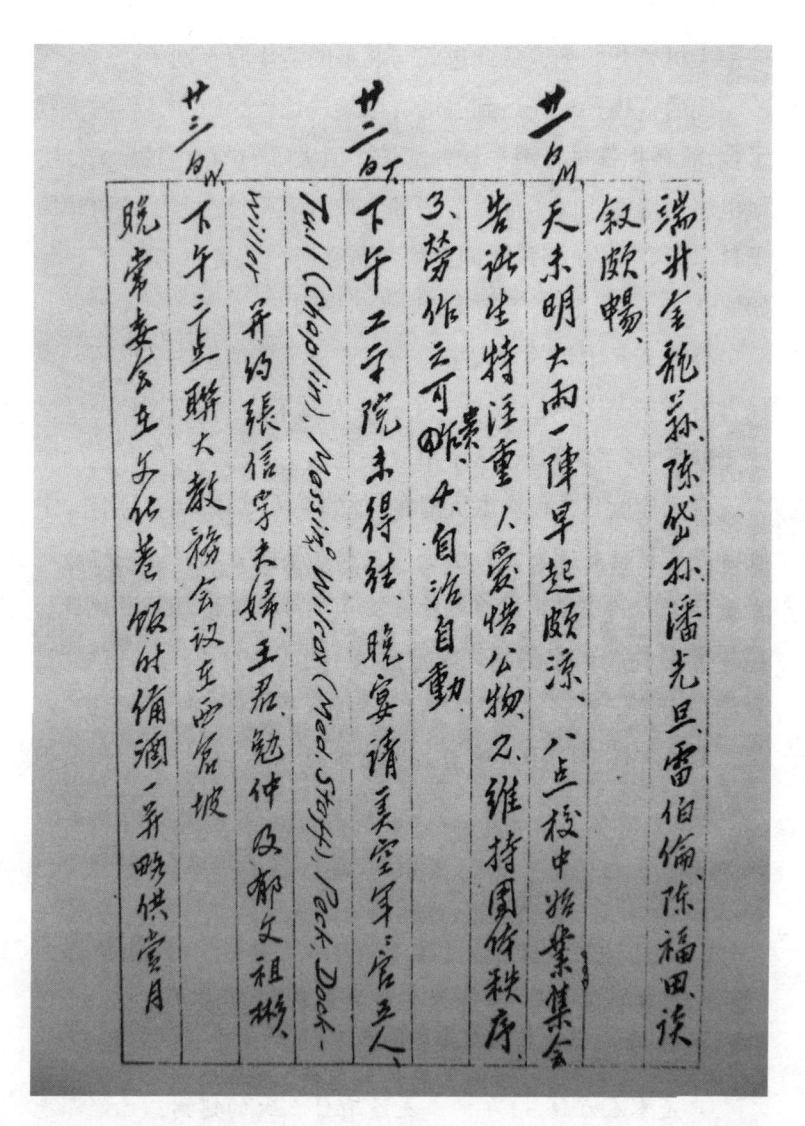

廿一日 M 瑞卅金龙荪、陈岱孙、潘光旦、雷伯伦、陈福田谈叙欢畅。

廿二日 天未明大雨一阵，早起颇凉。八点校中始业集会，告诫生特注重：1.爱惜公物；2.维持团体秩序；3.勤作之可贵；4.自治自动。

廿二日 下午工学院未得往。晚宴请美空军二官三人：Tull (Chaplin), Massing, Wilcox (Med. Stoff), Peck, Dock-willer 并约张信孚夫妇、王君勉、仲及郝文祖作陪。

廿三日 W 下午三点联大教务会议至西仓坡。晚常委会至岳家饭庄饯梅——并略供赏月。

梅贻琦日记手迹（1942年9月）

25

琦乘飞机离开北平，从此也就与北平的清华园永别了。

此后，梅贻琦先后到香港、巴黎、伦敦、纽约，再后来到了台湾，还担任过台湾"教育部长"，但大陆的师生们想念着他，他也思念着清华园。他以清华基金在台湾新竹创办了"清华原子科学研究所"，但没有同意将"研究所"升格为"大学"，他始终认为："真正的清华应在北平清华园。"

梅贻琦一生干的是大事业，其职权不可谓不高，他还一直保管着清华基金的巨款，这在一般人看来，他一定很富有的。哪知他几十年如一日，从不牟取一丝一毫的私利，他和他的家人一直勤俭度日。西南联大时期，他的夫人韩咏华需要制作"定胜糕"送到食品店寄卖补贴家用，为节省费用，舍不得穿袜子，光脚穿破旧的皮鞋走远途的路，以至于脚被磨破，腿肿得很粗。1960年，梅贻琦患骨癌住院，竟出不起高额医疗费和住院费，只能由台湾"教育部"及"清华大学"暂为垫付，医院记账，待以后一并还清。还是清华、西南联大海内外的校友以祝贺梅先生任校长30周年为名，半年内集资68万新台币，将这些费用承担了下来。1962年，梅贻琦在病中预作校庆致词录音中，特意提到：

> 这些天，才听到诸位校友有番盛意，要为着本人在学校，曾任校长30年而有一种表示，所谓"祝贺"的意思。只是本人在这30年的工夫没有什么大的建树，已经深感惭愧。诸位这种举动，使我更十分是，很不过意，更觉着惭愧。诸位聚起来的款数，据听说已经不少，现在在医院里边所用的钱，有的欠的款，或者借垫的款都还了之外，还余下的有相当的数目，这个数目，我倒不希望在医院里

还要住个两三年的，就把它用掉，将在短期内，能够好了，出了医院，这笔钱我想我可以本着诸位对我这个鼓励的意思，拿来作一点于学校于大家都有意义的事情，将来还要同各位委员同仁大家商量，现在，我想向诸位表示感谢。谢谢诸位。

可惜的是，此后不久，梅贻琦就病危了。据梅夫人韩咏华回忆，住院期间，胡适曾劝梅贻琦写一份遗嘱，但他没有回答，显得有些不高兴。他的弟弟也劝过他，但他始终没有写一字。梅贻琦于1962年5月19日在台大医院逝世。逝世后，秘书把他在病中一直带在身边的一个手提包封存了。两个星期后，在有各方人士参加的场合下启封，打开提包一看，原来是清华基金的账目，一笔笔非常清楚。在场的人都很感动。韩咏华后来想到："他没有个人的财产，所以也无须写什么遗嘱。"

梅贻琦虽然死去，但他一生清白，功勋卓著，给世人留下了宝贵的精神财富。清华校友林公侠在《怀念月涵师》中写道："月涵师生平对于名利很淡薄，专心致力于教育事业。他入阁当部长，只是为了当局的盛情难却，并不是为了喜欢做官，所以屡次请辞。他长母校几十年，虽然清华基金雄厚，竟不苟取分文，在贪污成风的社会，竟能高洁、清廉到这样地步，真是圣人的行为。只这一点，已是可为万世师表。"清华大学校史研究学者黄延复评价："梅贻琦的个人品格和道德风范，在过去和现在的'并世诸君子'中，堪称典范。在清华大学历史上，未见有人用'圣人'这样的字眼赞美过哪个人,但这种'至善'语言赞美梅贻琦的例子却屡见不鲜。在我几十年来所能见到的涉及梅贻琦校长的文献资料中，没有看到有人对他有半句

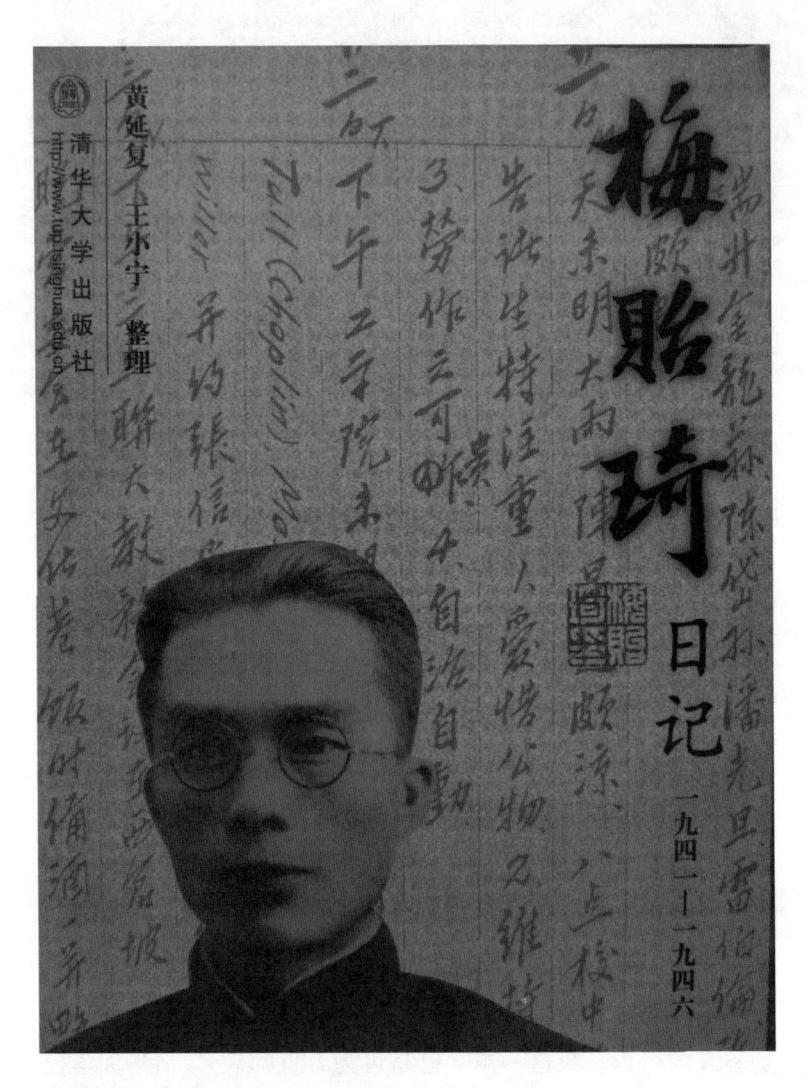

《梅贻琦日记（一九四一——一九四六）》书影

微言——总之，他切实堪为我们'一个时代的斯文'！"

主要参考资料

梅贻琦：《中国的大学》，北京理工大学出版社，2012年。

梅贻琦：《梅贻琦日记（1941—1946）》，清华大学出版社，黄延复、王小宁整理，2004年。

韩咏华：《我与梅贻琦》，出自《文化史料》第4辑，中国文史出版社，1983年。

黄延复、孙敦恒：《梅贻琦先生与清华大学》，出自《文化史料》第4辑。

郑天挺：《梅贻琦先生和西南联大》，出自《文化史料》第4辑。

梅祖彦：《西南联大与梅贻琦校长》，出自《梅贻琦日记（1941—1946）》。

王世儒编：《蔡元培日记》（上下），北京大学出版社，2010年。

黄延复、钟秀斌：《一个时代的斯文：清华校长梅贻琦》，九州出版社，2011年。

顾毓琇：《没有死亡——献给梅校长月涵师》，出自《一个时代的斯文：清华校长梅贻琦》。

何兆武：《纪念梅贻琦校长》，出自《一个时代的斯文：清华校长梅贻琦》。

许渊冲：《我所知道的梅贻琦校长》，出自《一个时代的斯文：清华校长梅贻琦》。

施嘉炀：《怀念梅贻琦校长》，出自《筼吹弦诵情弥切》，中国文史出版社，1988年。

郭建荣主编：《国立西南联合大学图史》，云南教育出版社，2006年。

汤用彤（1893—1964）

汤用彤：钝儒之典型，学问之大家

季羡林说："在中国几千年的学术史上，每一个时代都诞生少数几位大师。是这几位大师标志出学术发展的新水平；是这几位大师代表着学术前进的方向；是这几位大师照亮学术前进的道路……汤用彤（锡予）先生就属于这一些国学大师之列。"了解汤用彤，可以成为了解中国学术发展的一个途径，可以从中学到国学大师的治学之道。

很早就关注汤用彤这位大学问家了。记得购买到《汤用彤全集》时,如获至宝,心情非常舒畅。再加上陆续购买及师友赠送的《汤用彤选集》、《汤用彤学术文化随笔》、《汤用彤评传》,以及钱穆《师友杂忆》、吴宓的《吴宓日记》、任继愈的《念旧企新》、汪子嵩的《亚里士多德·理性·自由》,还有《万象》、《西南联大纪念文集》等书刊中涉及汤用彤的文章,汇集起来,关于他的资料算是比较多了,对汤用彤便也有了一些认识。

季羡林说:"在中国几千年的学术史上,每一个时代都诞生少数几位大师。是这几位大师标志出学术发展的新水平;是这几位大师代表着学术前进的方向;是这几位大师照亮学术前进的道路;是这几位大师博古通今,又熔铸今古。他们是学术天空中光辉璀璨的明星。……我认为,汤用彤(锡予)先生就属于这一些国学大师之列。"了解汤用彤,可以成为了解中国学术发展的一个途径,可以学到国学大师的治学之道。

志向高远

汤用彤,字锡予,1893 年生于甘肃省渭源县,他的父亲汤霖是一位桃李满天下的教育家。汤用彤从小接受父训,有很深的古文功底。他曾与梁漱溟一起学习印度哲学书籍以及佛教经典,还在清华学校接受西洋教育。1918 年赴美留学,先后就读于汉姆林(Hamline)大学、哈佛大学研究院,学习西方哲学、印度哲学、心理学以及梵文、巴利文等。1922 年获哈

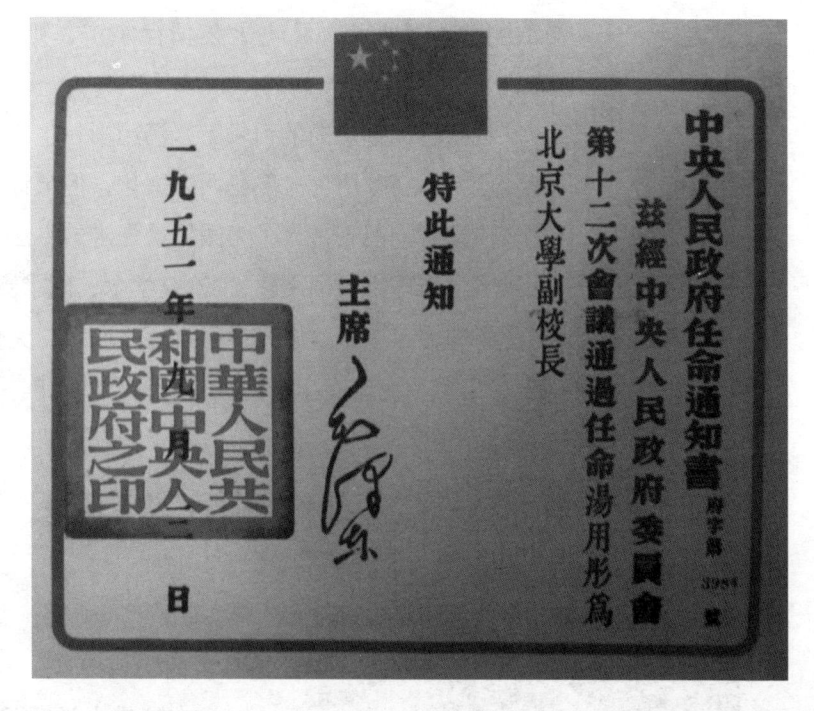

佛大学哲学硕士学位，返回祖国。历任东南大学、南开大学、中央大学、北京大学哲学系教授，北京大学哲学系主任，西南联合大学哲学系主任兼北大文科研究所所长，北京大学哲学系主任兼文学院院长，北京大学校务委员会主席等职。1951年担任北京大学副校长。1953年兼任中国科学院历史考古专门委员会委员。1956年当选为中国科学院哲学社会科学部学部委员。

汤用彤被任命为北京大学副校长

汤用彤早在清华学校时，即写理学文章阐明自己的志向。他曾与吴宓深谈，受到吴宓的信赖。《吴宓日记》1914年4月6日记："晚，与锡予谈，言国亡则吾辈将何作？余曰：上则杀身成仁，轰轰烈烈为节义死，下则削发空门遁迹山林，以诗味禅理了此馀生，如是而已。锡予则谓，国亡之后不必死，而有二事可为：其小者，则以武力图恢复；其大者，则肆力学问，以绝大之魄力，用我国五千年之精神文明，创出一种极有势力之新宗教或新学说，使中国之形式虽亡，

33

而中国之精神、之灵魂永久长存宇宙，则中国不幸后之大幸也。"

在这一高远志向的引领下，汤用彤一生心力集中于学术文化。他精通多种语言，熟稔西方文化，但最钟爱者还是中国文化。他又不拘泥于古人，力图用最先进的方法，在国际文化的背景下重新研究中国文化，"论究学术，阐求真理，昌明国粹，融化新知，以中正之眼光，行批评之职事，无偏无党，不激不随"，形成一套富有生命力且博大精深的学问。

"素位而行，随适而安"

汤用彤、吴宓，再加上陈寅恪，是有名的哈佛三杰。三人均为近代的大家，在哈佛大学留学时，互相交流，成为至交。在认识陈寅恪之前，汤用彤是吴宓最钦佩的知交。吴宓认为："锡予喜愠不轻触发，德量汪汪，风概类黄叔度。而于事之本理，原之秘奥，独得深窥。交久益醇，令人心醉，故最能投机"。三人中，以陈寅恪学问最为渊博，而佛学功底则以汤用彤最为深厚。为人处世方面，汤用彤基本上继承家风："事不避难，义不逃责，素位而行，随适而安"，这一家风颇合禅理。

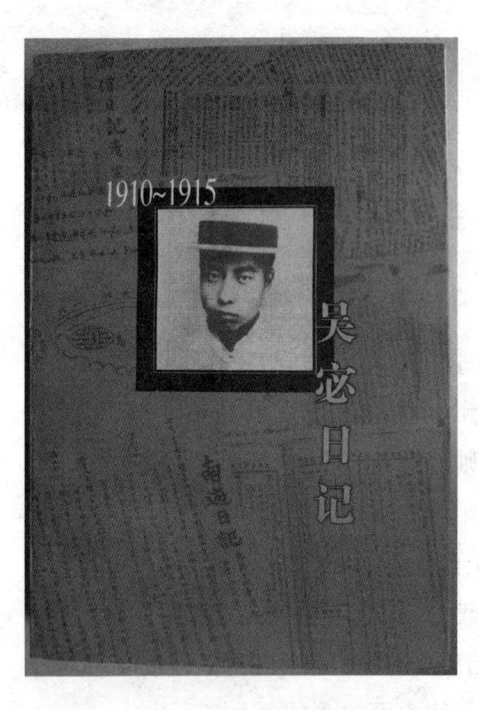

《吴宓日记（1910—1915）》书影

汤用彤：钝儒之典型，学问之大家

汤用彤，摄于1924年

文化人的"死"与"生"

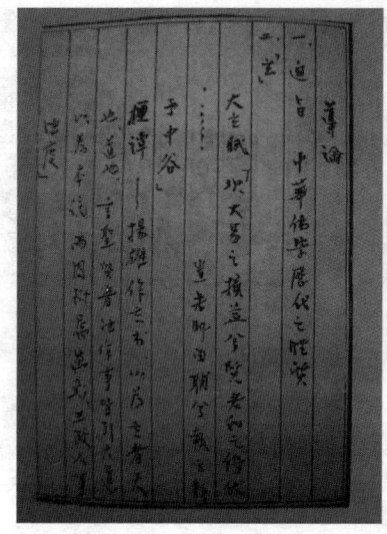

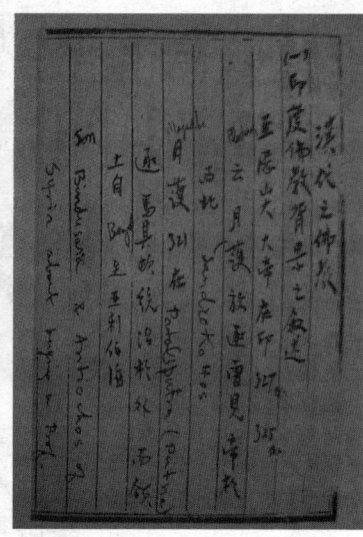

汤用彤在北大、西南联大讲授"中国佛教史"的讲稿提纲首页

西南联大时，汤用彤被称为汤菩萨，他的学生们还私下把他称为"和尚"。他的哲学系学生汪子嵩回忆："三位担任院长和系主任的老师各具特色。汤用彤先生矮矮胖胖，一头极短的银发，是佛学专家；冯友兰先生留着一头浓黑的头发，大胡子，长袍马褂，手上包书的是一块印有太极八卦的蓝布；冯文潜先生瘦瘦小小，留着垂到脑后的灰发，很像一位慈祥的老太太。当他们三个人走在一起时，我们做学生的，就戏称他们是一僧、一道、一尼。"学生们戏称老师为"僧"，也可以说明汤用彤为人之随和。他的严谨的治学态度深受学生们的敬佩。他担任哲学系主任和文学院长时，教学以外，只管两件大事：一是聘教授，一是指导学生选课，除此之外则实行"无为而治"的方针，身教大于言教，事事淡然处之，不争名不争利，无派别之见，倡严谨学风，文学院与哲学系在他的带领下结出了丰硕的成果。

钱穆与汤用彤是知心朋友，对汤用彤的评价是："锡予之奉长慈幼，家庭雍睦，饮食起居，进退作息，固俨然一钝儒之典型。""一团和气，读其书不易知其人，交其人亦难知其学，斯诚柳下惠之流矣。"汤一介则回忆："我和父亲一起生活了三十多年，除了因出版《隋唐佛教史稿》问题责骂过我一次，我不记得他还因别的事责骂过我，而对我和他的其他孩子更是没有打过。"

汤一介还提到了两件事："1946年，中央研究院历史语言研究所在北京东厂胡同一号成立了一个'驻北平办事处'，傅斯年请我父亲兼任办事处主任，并每月送薪金若干，用彤先生全数退回说：'我已在北大拿钱，不能再拿一份。'而他对办事处的日常事务很少过问，由秘书处理。""1942年，当时的教育部授予我父亲那本《汉魏两晋南北朝佛教史》最高奖，他得到这消息后，很不高兴，对朋友们说：'多少年来一向是我给学生打分数，我要谁给我的书评奖。'"这既反映出汤用彤对自己学问的自信力，又体现了这位大儒对金钱名利的"钝"。

汤用彤《汉魏两晋南北朝佛教史》手稿本（1938年）

严谨的治学作风

汤用彤治学极严格，轻易不下笔。"即使写一些短篇书评，指出有些日本著名学者著作中的疏漏，也是摆事实讲道理，毫无自我炫耀的表

现，使人心悦诚服"。他用15年的时间写成了《汉魏两晋南北朝佛教史》，出版时仍觉"不惬私意"，"现于魏晋学问，又有所知，更觉前作之不足"。最后是迫于"世事悠久，今日不出版，恐永无出版之日"，这才使得此书于1938年公开面世。此书问世半个多世纪后，季羡林评价："一直到现在，研究中国佛教史的中外学者，哪一个也不能不向这部书学习，向这一部书讨教。此书规模之恢弘，结构之谨严，材料之丰富，考证之精确，问题提出之深刻，剖析解释周密，实在可为中外学者们的楷模。"

对于学问，汤用彤即便在平日里也绝不随意评价。邓艾民曾问汤用彤："陶渊明的诗体现自然与名教合一，浑然天成，但说他'孤明先发'，似不完全切合历史情况。"汤用彤对此仅微微一笑，不愿多作评论。有段时间，汤用彤、钱穆、熊十力、蒙文通四人经常聚在一起。相聚时，熊十力与蒙文通经常就佛学问题互相驳难，不可开交。而汤用彤当时正在大学哲学系教中国哲学史，"应最为专家，顾独默不语"。1939年，钱穆写完《国史大纲》后，汤用彤建议他旁治佛学，或者改读英文，多窥西籍。钱穆请汤用彤为自己选购图书，汤用彤只为其选择了三本。钱穆觉得太少了，嘱咐汤用彤再多购买。而汤用彤则说："以一年精力，读此三书足矣。"竟不许钱穆多买书。

回过头来，我们再来了解汤一介一生唯一一次被父亲责骂的往事。

事情发生在1957年的春天。一天，中华书局的编辑找到汤一介，讨论是否可以将汤用彤的《隋唐佛教史稿》整理出版。汤一介觉得父亲的身体不好，如果能早出版也好，于是对编辑说："这当然是好事，但我不能做主，得问我父亲，看看他的意思再说。"于是，中华书局的编辑就找汤用彤，说汤一介同意出版《隋唐佛教史稿》。等编辑离开以后，汤用彤非常严肃地责问汤一介："谁让你来代表我说可以出版《隋唐佛教史稿》的。这样的事你不能管。"汤一介不知如何是好，没敢申辩。此后，汤一介专门给中华书局的编辑写了一封信，请他向汤用彤解释。知道真实情况后，汤用彤的气消了。

按照汤一介的介绍："父亲生前一直没有考虑出版《隋唐佛教史稿》，这是因为他认为这只是一个初稿，还有许多问题需要进一步研究。"如此严谨的治学作风，非一般人所能达到，是非常令人钦佩和值得学习的。

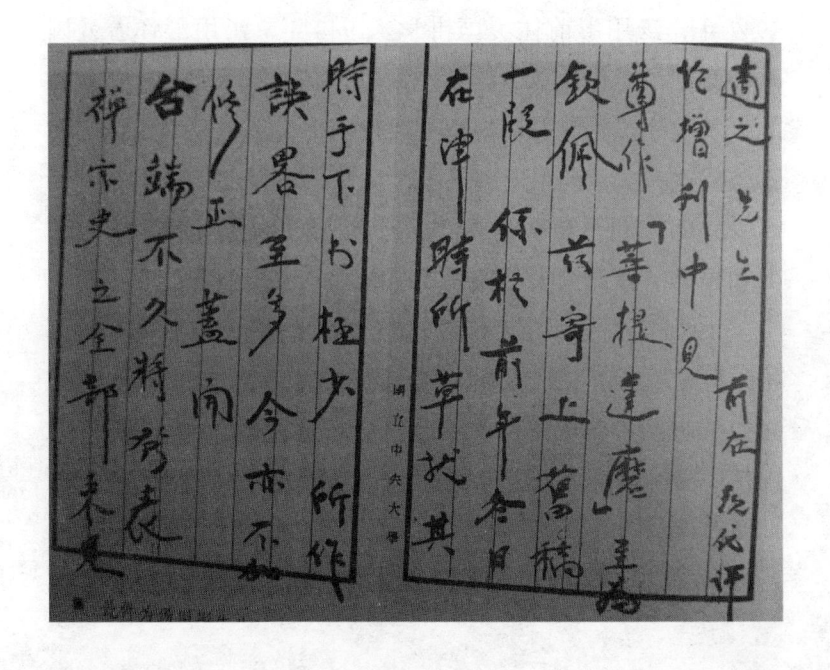

汤用彤1928年致胡适的一封信

"软弱"与"沉潜"

汤用彤当然不是完人。尤其在新中国成立后,他未能像老友陈寅恪、吴宓那样以生命捍卫知识分子的独立精神。这也称得上是中国大多数知识分子的缺陷。而像梁漱溟、陈寅恪那样的知识分子在中国实在是少之又少。对此,我们应结合当时的大环境做客观的分析。

胡适与汤用彤是长期的同事,彼此信任。早在1928年,他们就开始通信并保持良好的关系。1930年,汤用彤受到时为北大文学院院长胡适的邀请,出任哲学系教授,从此再未离开北大。1946年,胡适担任北京大学校长,汤用彤为北大文学院院长,胡适有事外出时常托汤用彤代管北大事务。1947年,汤用彤前往美国讲学。1948年,汤用彤怀着爱国之心谢绝了哥伦比亚大学的邀请,于9月返回北京大学。当北平解放战役打响时,胡适乘飞机南下,他也邀请汤用彤南下,但这一次,汤用彤谢绝了,从此二人再未见面。1949年1月31日,北平和平解放,2月,汤用彤被委任为中华人民共和国第一任北京大学校长(当时称北大校务委员会主席),直至1951年9月。北大校务委员会是一个新旧交替的临时机构,但汤用彤以一贯的温和融通的作风,使各方面都能接受。1952年以后,汤用彤被委任为分管财务、基建的副校长,并出任中国科学院历史考古委员会专门委员。他依然低调行事,即便对当时的院系调整有意见,讲话时也只是点到为止。例如,1953年11月教育部综合大学会议上,他说:"北大哲学系集

汤用彤：钝儒之典型，学问之大家

《汤用彤选集》书影

文化人的"死"与"生"

中了全国六个系的教师，但没有考虑如何发挥那些人的作用，只是把他们放在一个地方就算了。"可以说，这已是汤用彤颇为大胆的发言了。在新的政治风气中，汤用彤变得更加谨慎了。然而，他还是身不由己地被卷入"知识分子思想改造运动"当中。1954年，批判胡适思想的运动声势浩大地展开，汤用彤深感其中的利害，害怕牵涉到自己，检查思想时也批判过胡适。一天，汤用彤出席由人民日报社主办的胡适批判会，会场中火药味很浓，汤用彤十分紧张，先是碰翻了桌上的酒，接着又进行了激烈的发言，回家以后即患脑溢血，昏迷数月。汤用彤此时已预感到政治运动的残酷，一向谨慎的他受不了这种打击。1955年、1956年，汤用彤一直在与病魔抗争，即便身体有所康复，他也很少在公众场合出现，这样倒使他有幸躲开了"反右"、"反右倾"等运动。

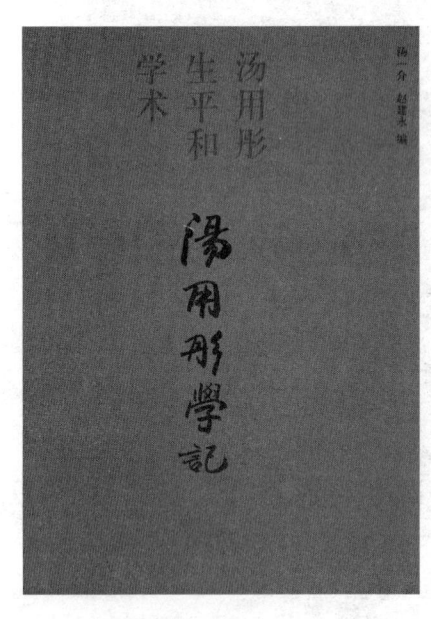

《汤用彤学记》书影

汤用彤的晚年依然钟情于学术研究。1956年病情有所好转后，他为哲学系研究生和年轻教师讲"印度佛教"。1961年初，汤用彤应《新建设》杂志约稿开始写一些"札记"，其实就是他的读书笔记。他还写了两篇关于印度医学、佛书音义的文章。1963年，汤用彤的著作《魏晋玄学论稿》在中华书局再版，《佛教史》第二次印刷。同年夏，汤用彤招中国佛学史研究生。1964年5月1日，汤用彤脑病复发，辞别人世，终年72岁。

2009年的一天，我在三联书店购买

了两本《万象》杂志。主要是因为里面有汤一介所写《汤用彤先生的治学态度》，以及汤双所写的《燕南园旧事》。又乐黛云所著《四院·沙滩·未名湖》中，也有关于汤用彤的文章，一并购买。

汤一介在文末有这样的思考："八十年代我常到国外，许多学术界的朋友问我：'为什么大陆学者们能接受思想改造，而且在十分恶劣的情况下，还教书和研究？'这个问题确实很难说清，原因也很复杂，但我想，可能是由于中国知识分子有一种'爱国情结'，这种'情结'使他们可以忍受一切苦难；加之从历史传统看，中国知识分子能'以德抗位'的毕竟是少数，而'愚忠'的则是不在少数。在这种情况下，知识分子往往只能受制于上，而缺乏独立的自我意识。特别是，当时的当政者发动群众用教条式的主义来批判知识分子，在这种'专政'的压力下，本来就软弱的中国知识分子又背负着一种'负疚'感，或者'真心'，或者'假意'，或者'半真半假'地接受'思想改造'了。大家得了解'专政'的严酷性，多少知识分子因为不知道'专政'的厉害而妻离子散、家破人亡。中国大陆知识分子无疑应检查自身的软弱，但所谓'专政'对中华民族精神的摧毁不是更应彻底铲除吗？中国知识分子必须加强自我的独立意识，坚持自由思想、自由创造，这样中国学术文化才可以得到真正的繁荣，中华民族的复兴才真有可能。"

乐黛云的文章对我很有启发，尤其是下面两段回忆文字：

"汤老先生那时就特别强调古今中外的文化交汇，

提出了要了解世界的问题在哪里，自己的问题在哪里；要了解人家的最好的东西是什么，也要了解自己最好的东西是什么；还要知道怎么才能适合各自的需要，向前发展。"

"记得在医院的一个深夜，我们聊天时，他曾对我说，你知道'沉潜'二字的意思吗？沉，就是要有厚重的积淀，真正沉到最底层；潜，就是要深藏不露，安心在不为人知的底层中发展。"

这样的治学方法，不正是我们现在的学人们所需要的吗？！

我相信，学界对于汤用彤的研究，将越来越深入。

主要参考资料

汤一介编选：《汤用彤选集》，天津人民出版社，1995年。

汤一介：《代序：昌明国故，融会新知》，出自《汤用彤选集》。

汤一介：《汤用彤先生的治学态度》，出自《万象》第十一卷第八期，2009年。

汤一介编：《昌明国粹，融化新知：汤用彤》，北京大学出版社，2012年。

钱穆：《八十忆双亲 师友杂忆》，生活·读书·新知三联书店，1998年。

吴宓著 吴学昭整理：《吴宓日记（1910—1915）（第1册）》，生活·读书·新知三联书店，1998年。

季羡林：《〈汤用彤先生诞生一百周年纪念论文集〉序》，出自《季羡林读书与做人》，国际文化出版公司，2009年。

汪子嵩：《亚里士多德·理性·自由》，河北大学出版社，2003年。

乐黛云：《四院·沙滩·未名湖》，北京大学出版社，2008年。

邓艾民：《汤用彤先生散忆》，出自《汤用彤学记》，生活·读书·新知三联书店，2011年。

麻天祥：《汤用彤评传》，百花洲文艺出版社，1993年。

成舍我（1898—1991）

成舍我："我要说话"

记得2003年，当我从成舍我的女儿成幼殊老人手中接过《报海生涯——成舍我百年诞辰纪念文集》，翻看前面的照片时，这四个字突然间颤颤抖抖却非常有力地出现在我的眼前，让我心头一振，仿佛见到了成舍我的魂魄。此后，一想到成舍我，就总能想到这四个字。在成舍我的眼中，"我要说话"，不就是"新闻自由"吗！

与张宗昌的交锋

成舍我是民国有名的报人,张宗昌是民国有名的军阀。成舍我手无寸铁,面对无法无天的张宗昌,似乎肯定是"书生遇着兵,有理无处说"了。但事实上,成舍我绝对不是普通的书生,他有正义感,刚正不屈,自强不息。在与张宗昌数个回合的"交锋"中,创下了民国报界一个了不起的传奇。

成舍我在1924年、1925年先后创办《世界晚报》、《世界日报》、《世界画报》,成为中国新闻史上一人办三报的唯一报

成舍我创办的各种报纸

人。此时，张宗昌正在四处攻伐，既是一位无恶不作的狗肉将军，也是一位见风使舵的长腿将军。何谓"长腿"？就是打了败仗后比谁都腿长，故名！张宗昌早年间打了很多败仗，但投靠奉系军阀张作霖后，很受重用，竟然成为颇有实力的军阀头子。张宗昌号效坤，北方报纸习惯称军阀头子为某帅，对张宗昌便称之为张效帅。

成舍我办《世界晚报》时确立了四项原则：一、言论公正。二、不畏强暴。三、不受津贴。四、消息灵确。他亲自撰述时论和社评，对军阀打仗的消息也总是据实揭载。这些军阀打仗的消息中自然也有关于张宗昌的。

对于采访到的真实消息，成舍我始终保持着独立的态度，不为任何军阀隐晦。不过，在实际操作中，成舍我也绝对不愿意因自己或报纸上的微小错误而招祸端。所以，一方面，他所办的报纸不乏别的报纸不敢登的真实新闻；另一方面，成舍我非常注意出报的每一环节，包括文字上的细微之处。他总是亲自看报纸的大样，并说："一张报纸犹如一把手枪，如果社长或总编辑自己不看大样，就好像把自己的手枪交给他人，万一他乱扫乱射，责任都是自己的。"成舍我还拿张宗昌为例加以阐发："你看大样时，务须注意'效帅'的'效'字，倘若不慎将'效'字错排为'妓'字，那就变成'妓帅'，犯了张宗昌的忌讳，可能遭不测之祸。"可以看出，成舍我与张宗昌的"交锋"已露出端倪。作为正义感很强的报人，成舍我憎恶张宗昌的所作所为，否则不会以"妓帅"相调侃。同时，成舍我为了报纸的发展，又意识很强地避开不必要的祸端。

成舍我与张宗昌的真正交锋是在1926年。以张宗昌为总司令的直鲁联军进入北京后，立刻实行残暴的专制统治。联军公布的维持地方治安公告共 27 条，其中特别规定："宣传共产，鼓吹赤化，不分首从，一律处以死刑。" 4 月 26 日，张宗昌将曾真实报道军阀内情的著名报人邵飘萍杀害，罪名为"宣传赤化"。8 月 6 日凌晨，著名报人林白水也是被贯上"通敌有据"的罪名杀害。二人被逮捕后，均未经过任何正常审讯，转瞬间即被杀害。张宗昌之草菅人命，令人发指，白色恐怖笼罩京城。在这样的形势下，成舍我于林白水被杀的当天上午，"决定将这一不幸消息，以第一条大字标题，加黑边，刊登在下午出版的《世界晚报》上"。张宗昌的毒手因此迅速伸向成舍我。

次日（8 月 7 日）深夜，宪兵司令王琦奉张宗昌命令，到世界日报社将成舍我逮捕，马上就要执行枪决。恰巧张宗昌当晚娶了一位姨太太。当王琦要向张宗昌请示的时候，张宗昌的副官说："王司令，今晚是大帅的好日子，你怎么这么不知趣。只要人抓到了，什么时候都可以杀，何必非得今晚杀呢？"这样，成舍我的命算是暂时保住了。但即便这样，几乎所有的人都认为成舍我必死无疑。路透社甚至抢先发出电讯："成氏已被枪决。"国外的朋友，有人打唁电慰问成舍我的家属；北京的朋友，有的已等在天桥刑场附近，准备对成舍我作最后的辞别。成舍我被抓上卡车后，自己也觉得一颗子弹从后脑打进去、前脑穿出来，凉飕飕地，什么私心杂念都没有了。

好在紧张的营救活动已迅速展开。成舍我的夫人杨璠赶往被尊为北方军政界"三元老"之一的孙宝琦府中，跪泣哀求。成舍我以前曾为孙宝琦仗义执言，当孙宝琦之子送成舍我两百块大洋的支票时，成舍我坚决不收，并说："我支持孙总理（孙宝琦当时为国务总理）完全是基于道义的,要收你这两百块钱,不是就失掉我的原意了吗？"因此,孙宝琦对成舍我的为人是非常敬重的。再加上杨璠苦苦哀求,孙宝琦深为感动,答应找张宗昌说情。第二天一大早,孙宝琦便来到张府。当时,张宗昌正力主孙宝琦组阁,见孙宝琦求情,便有所松动。几经交涉后,第四天下午,成舍我被张宗昌作为"礼物"一般送到孙宝琦府中。张宗昌的下属拿出一个大卡片,上写："兹送上成舍我一名,请查收。"孙宝琦也写了一张回片："兹收到成舍我一名,谢谢。"不管怎样,成舍我经历了"毕生未有的一幕惊险怪剧"后回到了报馆,在当时真是奇迹！即便这样,成舍我并不因此改变自己的信念。他对几个编辑说："报继续出。现在韬光养晦,避避风。军阀总归要骂的；张宗昌胡作非为,是不会长的。"1926年夏秋之际,成舍我离开北京南下,不久后在南京创办了《民生报》,继续勇敢地揭露社会黑暗。他还创办了《立报》等报纸,创下了辉煌的成绩,产生了巨大的影响。

1928年,成舍我重回北平,继续主持《世界日报》、《世界晚报》、《世界

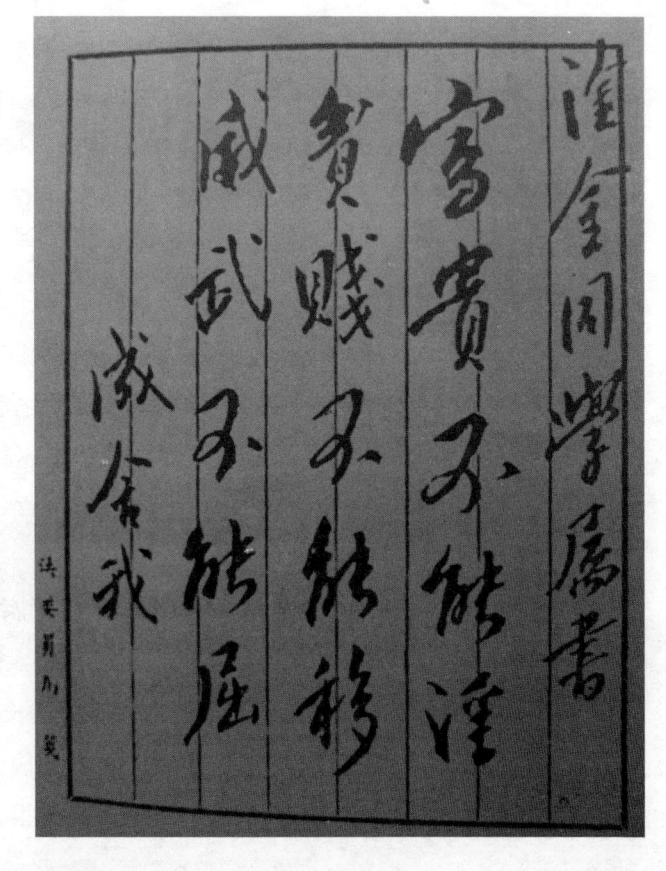

成舍我书法

画报》，同时受聘为"北平大学区"、"国立北平大学"教授兼秘书长。夏季的一天，成舍我在中山公园来今雨轩饮茶，偶遇张宗昌。此时的成舍我事业蒸蒸日上，而张宗昌已是失意军人。二人见面，张宗昌尴尬不已，一个劲地道歉。而成舍我则狂笑不已！这是他生平少有的一次大畅快！按照他的自述："这一次的笑是其生命史上出自心坎最真诚和永不会忘记之一笑。"

反贪报道激起轩然大波

1927年4月，29岁的成舍我在南京创办了《民生报》。

《民生报》是南京最早的民营报，以"精、简、全"的原则，及时准确地报道社会新闻，反映民众关心的问题，很受欢迎。创办一年，销数由3000份猛增到3万份。成舍我自己也写文章，1928年3月，他发表了《南方政局之剖解》的文章，对时政发表评论。1931年9月，发表署名"百忧"题为《国人抗日应有之认识》的社论，揭露日本侵华暴行，批评国民党"不抵抗三字，直可为民族崩溃之别解"，呼吁"立止内争，协力御侮，实为今日最迫切之惟一要务。"此外，他还发表《吾人将何以自处？》、《谁谓我革命军人不堪一战》等社论，为抗日鼓与呼。

成舍我对国内官僚们的贪污腐败一直深恶痛绝。1934年5月，有位记者采访到一条新闻："行政院"盖大楼，建筑商贿买汪精卫的亲信、行政院政务处长彭学沛，给他修了一座私人住宅小洋房，以致在主体建筑上偷工减料，而且屡次追加预算，超过原来计划一倍以上。《民生报》总编辑张友鸾听说彭学沛是成舍我的亲戚，有些踌躇，拿着稿子征询成舍我的意见。成舍我不徇私情，说："既然确有其事，为什么不刊登！"有些亲友得知此事，也劝成舍我不要刊登，并说出两个理由：一、汪精卫为行政院长、国民党副主席，权势很大，何必得罪他；二、彭学沛是成舍我妻子萧宗让的姑父，何必跟自己的亲戚较劲。但成舍我认为，主持公道是报纸的职责所在，义无反顾地在报上公开揭露。

于是，《民生报》很快在5月24日登出这样的报道：

某院处长彭某辞职真相
有贪污嫌疑……某当局大不满

某院处长彭某，此次向某当局提请辞职之真实原因，外间鲜有知者。兹据记者探悉：彭某此次经手建筑某院新屋，经核定预算原为六万元，及至兴工以后共用去十三余

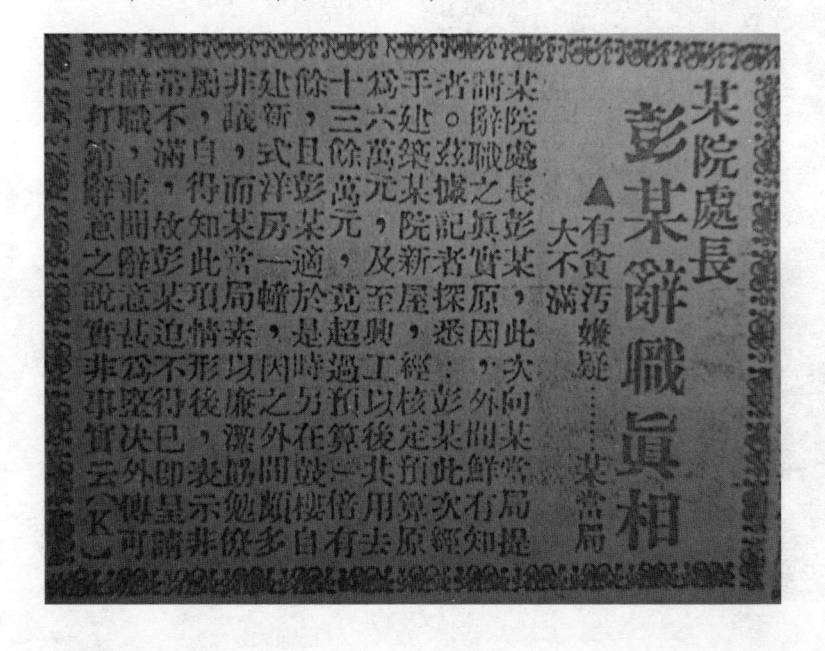

《民生报》刊登的彭某辞职真相报道

文化人的"死"与"生"

万元，竟超过预算一倍有余，且彭某适于是时另在鼓楼自建新式洋房一幢，因之外间颇多非议，而某当局素以廉洁勖勉僚属，自得知此项情形后，表示非常不满，故彭某迫不得已即呈请辞职，并闻辞意甚为坚决，外传可望打消辞意之说实非事实云。

报道登出后，顿时激起轩然大波。报道中虽然没写彭学沛的名字，但事实俱在，很容易分辨。即便不知实情的人，联系《民生报》5月19日刊登的"彭学沛处长表示引退"的短讯，

1934年5月29日的《民生报》

也容易明白"彭某"即为"彭学沛"。彭学沛自然非常恼火，乃向后台汪精卫告状。汪精卫大怒，马上下令将《民生报》停刊三日，以示惩罚。

拿起手中的舆论武器

面对汪精卫的淫威，成舍我毫不惧怕，迅速予以抗争。民国二十三年（1934年）5月29日，《民生报》复刊后的第一天，便在第三版和第四版登出署名"舍我"的长篇社论：《停刊经过如此！！！敬请全国国民公判

"言论自由"固可为"国家自由"而牺牲……但非法摧残决不能不依法抗争》。

社论一开头，便直截了当地点出《民生报》被封三日的事实：

> 民生报今天复刊了。从五月二十六日，到二十八日，这三天被停刊期内，首都数十万市民，甚至全国民众，从行政命令"不服检查"四字上推想，一定会疑心民生报，已犯了如何严重的滔天大罪。我们因为要使全国国民，知道我们这次被罚的真相，同时希望全国国民，及负有保障人民权利，纠弹官吏错误的政府机关，能给我们一个公平的裁判起见，所以，不得不于复刊第一日的今天，来写出下面这一篇真凭实据，童叟无欺的报告：
>
> 行政院罚我们停刊三日的命令，是于二十五日下午七时半，由首都警察厅派警传到。命令全文，照抄如左：
>
> 行政院密令第二八四九号：
>
> 查民生报于本月二十四日登载关于本院之恶意新闻，毫无事实根据。照肆意造谣，不服检查，应即依，中央政治会议第三九五次决议，予以处分。着自本月二十六日起，停版三日示儆，合亟令仰该厅遵照，即日执行，此令。

接着，社论讲述了报社被封后所遭受的不公正待遇，并指明引起祸端的所谓"毫无事实根据的恶意新闻"就是那篇《某院处长彭某辞职真相》，然后表明他们的愤怒，称："自从这个'犯罪的原因'寻到以后，固然使我们十分悲愤，同时，也使我们弱者的胆量立时从'呵！原来我们并不犯罪'的自觉中，解放而增强起来。我们站在法律和正义的立场，对于行政院罚我们的命令，无论如何，是不能甘服的。"这样，成舍我等人便拿起手中的舆论武器，奋起反击：

第一，这条"某院处长彭某辞职真相"的新闻，假使确如行政院所云，"毫无事实根据，肆意造谣"，那么，请问行政院，从什么地方，可以证明，这条新闻，就是说的高高在上的贵院。因为从头至尾，并没有"行政院"三个字，国民政府下，机关而以院名者……总不下数十千百，至处长，及处长而姓彭者，更衮衮皆是。何以其他大中小三等之院，均不出面，而行政院独挺身而出，将此项新闻，一肩担当……何以"毫无根据肆意造谣"之无头新闻，行政院一看，即能认定，这是民生报"指着和尚骂秃子？"同时又即能断其"毫无事实根据，肆意造谣？"

第二，我们这条新闻，纵如行政院所想，新闻中的某院，读者很易看出即指行政院，彭某，即指五年前流亡海上，贫至不能举餐之彭学沛先生。但是，请问行政院，又从什么地方，可以看出这条新闻的文字，有对行政院表示恶意之处？……

第三，不但我们对行政院这个机关，绝无恶意，即对于彭学沛先生个人，也是绝无丝毫恶意的。……行政院建筑新屋，及彭先生自造新宅，这都是铁一般的事实，无法否认，也不必否认的。因为行政院造屋，固然公开，而私人造屋，也并非犯法。不过这两所房子，是否有联带关系，那么这是监察委员，和法院检察官的职权，我们当然不便越俎。而我们在这条新闻内，所说的，也止于外间"颇有非议"。我们并没有说:"彭某原极穷困,当其五年前逃亡失业时,贫至无以自活,其离婚夫人萧女士,每月向索生活费,均无以应,及一旦荣任政务处长,不特对萧女士,立将巨万之生活费,完全清付,俾本人眠花宿柳,从此了无挂碍。且将行政院另建新屋之款,吞没若干,另建新屋,此实国民政府最大之污吏,非加重惩,不足以树立廉洁政治。"……

在对行政院密令进行批驳的同时,成舍我还表明自己对"检查新闻"的态度。他说:"我是《民生报》的负责者,老实说:'检查新闻',在九一八以前,我,及我们的同人,都是反对的。……但在战时,则新闻记者个人的言论自由,当不能不为争整个国家民族对外的自由,而相当牺牲。"

但是,他又提出问题:"检查新闻,是否可以于有关对外之军事、外交及地方治安以外,而任意禁止其他不利于某一机关或某一个人新闻的发表。尤其像我们所登有贪污嫌疑,这一类的消息。我们相信,现在全国新闻界,所以肯忍受苦痛,来服从政府检查,并不是畏惧政府的权威,更不是受了政府任何物质上的贿赂,而完全是为整个国家民族争自由着想。政府正应在此时,披肝沥胆,与全国新闻界,开诚合作,共筹如何可以唤起民众,打开国难的方法。同时更应该劝全国新闻界,对于政府设施,尽量批评,贪官污吏,尽量揭发。从前专制时代,遇到外患危迫的时候,皇帝尚要下诏罪己,广求直言,诛戮奸邪,岂有号称民国,而反利用国难,封锁舆论之理。现在各地的新闻检查,往往多已超过应该检扣的标准,甚至一个当地要人的汽车疾驰闯祸,都可叫新闻所传令报馆,不许登载。一个官办印刷局长的被监察院弹劾，都可以请托检查员，禁止发表。试问这种检查，于国家是否有利？是否对得起为国家而牺牲自己自由的新闻界。……"

最后，成舍我郑重地宣示对于此次被迫停刊的意见：

一．我们认为这次行政院的处分，全然为一种非法行为，我们为使此种非法行为不再发生起见，决向法定机关，提起抗告。

一．我们认为现在新闻检查的标准，日益浮滥，裁制新闻的机关，太不统一，我们不仅为保障自身及全国新闻界权利，应联合全国同业，向中央宣传委员会提请纠正。即为促成政府与舆论开诚合作，一致对外起见，此种纠正，也实在认有必要。

成舍我此文长达万余言，占据了《民生报》两个全版，无疑是对彭学沛及汪精卫的最为强烈的反击。在当时的社会，在国民党的统治区，有谁敢对汪精卫如此"无礼"。汪精卫自然大发雷霆，在他的授意下，彭学沛以"妨害名誉"为由，将成舍我告上法庭。

决不低头

江宁地方法院受理此案。6月4日，法院检察处开侦查庭讯问。彭学沛、成舍我均到庭候讯，时间长达两小时。次日，《民生报》将这一消息登于报端。

在等待法院继续审理的过程中，成舍我并没有被动地干等，而是利用手头的舆论武器有节有度地为自己鼓劲呐喊。6月7日，《民生报》发表社论，题为《惩治贪污为今日急务》，呼吁："国家之败，由官邪也，官之失德，宠赂彰也。惩治贪污，实今日之急务，政府与国人，曷急起图之。"

知情人均知道，彭学沛的背后有汪精卫撑腰，法院肯定会偏向彭学沛，转而对成舍我不利。但成舍我仍然没有丝毫退缩的意思。6月18日，法院公开审讯此案。成舍我则于6月中旬，在《民生报》的显眼位置连续刊登《成舍我特别启事》，内容为："行政院政务处长彭学沛，因民生报载其有贪污嫌疑一事，于被行政院罚令民生报停刊三日后，更在法庭向鄙人起诉。江宁地方法院，已定本月十八日上午九时半，开庭审讯，鄙人在平（指北平）接电，业星夜抵京（指南京），准时出庭应诉。同时民生报对于行政院罚令停刊三日之违法处分，亦决依法定手续，向主管机关先行诉愿。现此两案，均在依法进行中。吾人以一介平民，毫无政治后援，

1934年6月17日的《民生报》

所敢不顾一切，毅然抗争者，实因深切认定，一则欲期廉洁政府之完成，必须全国舆论，对贪污嫌疑，能尽量揭发。一则欲纳国家于途轨，必使全国上下，尤其高级当局，能养成忠诚守法之习惯。若人民逆来顺受徒贪眼前之省事，流弊所及，不仅蹂躏民权，当局者将毫无顾忌，而法治前途，亦且永无观成之望。吾人献身新闻事业，垂二十年，在北方军阀腐恶势力高张之时，亦曾殊死苦斗，今留此袁世凯安福系张宗昌欲杀未得之身，仍愿以始终拥护整个国家利益，为唯一之鹄的。刻司法行政权，虽在行政院统治之下，但吾人深信司法独立之尊严，决不为政治所左右。吾人今愿以此事之是非曲直，静待国家法律公平之裁判。吾人并深信以拥护国家利益之赤忱，及本于代表舆论之天职，或不致有万一之不幸。倘竟智穷力索，亦可告无愧于国民。在鄙人离京数日中，深蒙各界先进，或宠赐鸿文，或亲临存问，爱护逾恒，感愧交并。惟以返京伊始，答谢未遑。而文字声援，在此依法进行期间，吾人既已一切信托法律公平之裁判，民生报本身，尤未便于公判以前，多所刊布。将来是非大白，倘有必要，自当另刊专集，藉以见公道之未泯，垂义声于不朽。倘亦爱护正义之诸君，所为鉴许者也。"

18日之公开审讯，吸引了四面八方的人群，法庭旁听席座无虚席。成舍我斗志昂扬，与他的辩护律师尤宪祖一起来到法庭。然而，彭学沛作为原告，却因种种顾虑而没有出庭。因此，法庭上只有成舍我一人在辩论。成舍我要求法院传彭学沛到庭对质。

6月29日，法院进行第二次公审。这一天天气酷热，但由于此案已轰动全国，前来旁听者人数之多，为历来所未见。公开审理是在上午10点20分开始，然而，"刑一庭旁听席上，八时即告入满，后至者已无旁听证可领，均与法警情商，前往听审。甚至审判官台上，亦站有百余人之多。靠右地板，因不胜载重，竟踏断两三块。法官背后，沿墙站立者，亦颇不少。"大多数民众对成舍我寄予同情与支持。由于人数太多，室内温度达到罕见的程度。有人见成舍我陈述时挥汗如雨，便不顾自己，将手上的折扇赠与成舍我。

这样的盛况下，原告彭学沛仍然没有到场。成舍我侃侃而谈，滔滔不绝，其论述得到在场众人的支持，也将带有倾向性的审判官驳得哑口无言。

成彭案越闹越大，在整个南京城沸沸扬扬地传播着。而民意方面，成舍我占有绝对的优势。不仅如此，成舍我及《民生报》在7月4日又发表《贪污之发生与遏止》的社论，称：

> 自有官吏，即有贪污，况在功利主义及唯物史观盛行之今日，人皆习于奢靡，渴望享受，其朝夕所寤寐以求之者，惟在如何增殖货财，以遂其大欲；苟一旦位居显要，有权势足以剥削人民，又有爪牙足以供其奔走，自非人格清高、深明取与之分者，又孰能不见利而忘义乎？此种贪污官吏，在资本主义之国家，固属事所恒有，即以社会主义立国自诩之苏俄，亦何尝绝对无之？不过在政治已上轨道之国家，法律有权威，舆论有力量，再加以官吏服务之有保障，以及国家实业发达，人民除服官外，亦尽有其自立与致富之方，是以官吏贪污之数量及其程度，尚不致出于意想以外，且贪污之发觉及惩戒，亦易于为力，此欧美各国虽不能完全无贪污，而其为害之程度，固远逊于今日之中国也。中国今日贪污之遍及官场，及其影响于国家前

途之重大，吾人前已痛切言之。治本之方，自宜提倡礼仪廉耻，使一般官吏的洗心革面，爱国爱民，而治标之道，则在监察院能对不良之官吏，随时尽其纠弹之责任。至政府之应绝对信任监察院，于其所举劾者，必依法予以惩治，则尤为维护监察制度之必要条件，此理至明，固不必待吾人之哓哓也。

文中的主张虽然未必完全正确，但基本代表了民众的呼声，引起了强烈的反响。彭学沛见形势对自己很不利，又害怕此事追究下去，免不了节外生枝。因此，在第三次公开辩论前，彭学沛主动撤回了对成舍我的告状。这样一来，成彭诉讼案不了了之。然而，事实上，此案结束后不久，更大的交锋出现了。

1934年6月30日的《民生报》

最后胜利，必属于我

彭学沛知难而退，但他的后台汪精卫却不答应。汪精卫虽然不能直接就彭成案指手画脚，但却可以借其他名义打击报复成舍我。

7月20日，《民生报》刊

登一条"蒋电汪于勿走极端"的新闻，里面涉及蒋介石就行政院监察院争执事而电汪精卫、于右任（时为监察院院长）以图调解的两院新闻。此事若在平时当没有任何问题，而且消息是由一家通讯社发布，并通过审查的。但汪精卫借题发挥，以此向成舍我发难。7月23日，宪兵司令部以"泄露军情"罪将成舍我逮捕，关押起来。

经多方营救，成舍我被押40天后，于9月1日获释。国民党当局责令《民生报》永远停刊，并不许成舍我在南京用其他名义再办报纸。

当时有一内幕是：成舍我被释放后，汪精卫曾派人对他说，只要他向汪写一封道歉信，汪就可以收回成命。成舍我当场拒绝。如此一来，曾有巨大影响的南京《民生报》在报界消失了。

林语堂在《中国新闻舆论史》中对此事有一评论："汪精卫在反蒋时期高举'保障民权'的口号，结果不过如此！这很容易让人对所谓的民权的呐喊产生怀疑。"

后来，成舍我本人曾在《我有过三次值得追忆的"笑"》一文中回忆此事："民国二十三年，我所主办的南京《民生报》，因为揭发行政院政务处长彭学沛经手建筑行政院官署，贪污舞弊，汪（兆铭）是行政院长，不料竟认为这是对他的一种重大冒犯。虽然铁证如山，他仍不顾一切，以最大压力，将《民生报》非法封闭，将我非法拘禁了40天，并永远不许我在南京办报。此在当时，曾为一轰动全国之巨案。我出狱以后，他叫人示意，如果我向他低头，则一切不难和解。那位居间奔走的朋友劝我，新闻记者和行政长碰，结果总要头破血流的。我曾执拗地答称：'我的看法，与你恰恰相反。我相信我和汪碰，最后胜利，必属于我。因为我可以当一辈子新闻记者，汪不能做一辈子行

文化人的"死"与"生"

政院长。'其后我又在上海创办立报……"

成舍我与之交锋的两位官僚：

张宗昌，1932年被仇人追杀于济南车站，狼狈逃窜中无人施救，终被乱枪打死，时年51岁。

汪精卫，1938年发表《艳电》，投靠日本，之后筹划建立伪政府，成为头号大汉奸；他多次遭遇刺杀事件，1944年，汪精卫枪伤复发，死于日本，时年61岁。

成舍我则作为独立报人、新闻教育家，在中国新闻教育史上做出重大贡献，受到世人称誉。

汪精卫

一生追求"新闻自由"

成舍我于1949年离开大陆，1952年迁居台湾。在台湾实施长达37年"报禁"的时候，成舍我创办了世界新闻传播学院，成为"台湾知识分子的自由堡垒"。截止到1991年，"世新"已培养新闻专业人员3万余人，毕业校友遍布台湾、香港各大众传播媒体。成舍我事业成功的同时，自己也成为亿万富豪。"世新"的总资产，在1991年已达30亿元，成为台湾最富有的一所私立学校。而成舍我钟情的并不是财富本身，他一心所想的乃为新闻自由。1988年，台湾当局刚刚正式解除"报禁"，91

岁的成舍我即于当年7月12日创刊台湾《立报》，第二年台湾立报馆正式落成。1990年，成舍我病重入院，不能发声，这个时候，他每天要做的是挣扎着用颤抖的手写下四个字："我要说话。"

"我要说话"，这四个字称得上成舍我毕生志业的写照。

记得2003年，当我从成舍我的女儿成幼殊老人手中接过《报海生涯——成舍我百年诞辰纪念文集》一书，翻看前面的照片时，这四个字突然间颤颤抖抖却非常有力地出现在我的眼前，让我心头一振，仿佛见到了成舍我的魂魄。此后，一想到成舍我，就总能想到这四个字。在成舍我的眼中，"我要说话"，其实就是"新闻自由"。正如他在1958年所写《"狗年"谈"新闻自由"》中说：

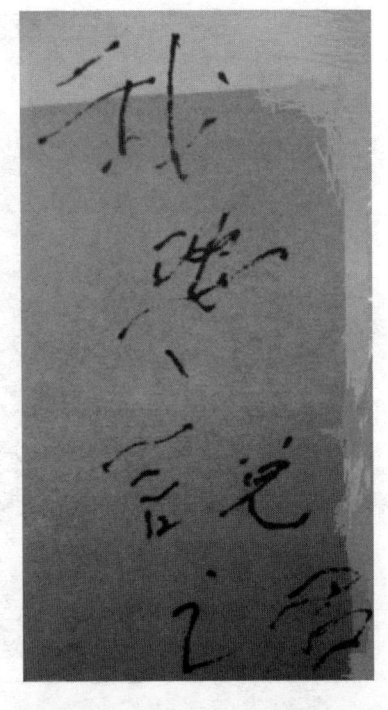

1990年，成舍我住院时有段时间不能发声，每日挣扎手书四字："我要说话"

> 六十年前的戊戌，对清室运命，是那样重要。戊戌乃清室存亡兴败大关键。能贯彻维新变法则存，不能则亡。而在康有为、梁启超等所倡导的维新运动中，虽然练兵购舰，开矿筑路，千头万绪，纲目极多，但统观康有为八次上书，他所认作能否贯彻维新变法的最大关键，似乎又只集中在广开言路一点。广开言路的具体方法，则是号召

文化人的"死"与"生"

全国,出版新报,如果拿六十年后今天的用语来说,即为"尊重新闻自由"。所谓"决万机于公论","协国民之同心","一上下之议论",无一不是"尊重新闻自由"的表现。"公车上书"中最激励人心,传诵一时的名句,如云:伏愿陛下先罪己以励人心,次明耻以激士气,集群材咨问以广圣听,求天下上书以通下情,明定国是,与海内更始。又云:"否则皇上与诸臣虽欲苟安旦夕,歌舞湖上,求偏安而不可得,求为长安布衣亦不可得",又云:"沼吴之祸立见,裂晋之事即来,职诚恐不忍见煤山故事也。"如此激昂慷慨,载湉亦不能不为之动容感叹。接着,他就要求清廷以事实证明尊重新闻自由。在禁办新报的压制下,请政府奖励民众广设报馆。第四次上书,有"设报达聪,各省州县乡镇,应普设报馆,以解弊隔"的建议。康氏之意,如不广设报馆,不尊重新闻自由,则民智不开,上下壅隔,任何新政,都将无从实施。这与三十年后英国拉斯基教授所称,得不到新闻自由的人,等于失去了自由。真可算若合符节,谁

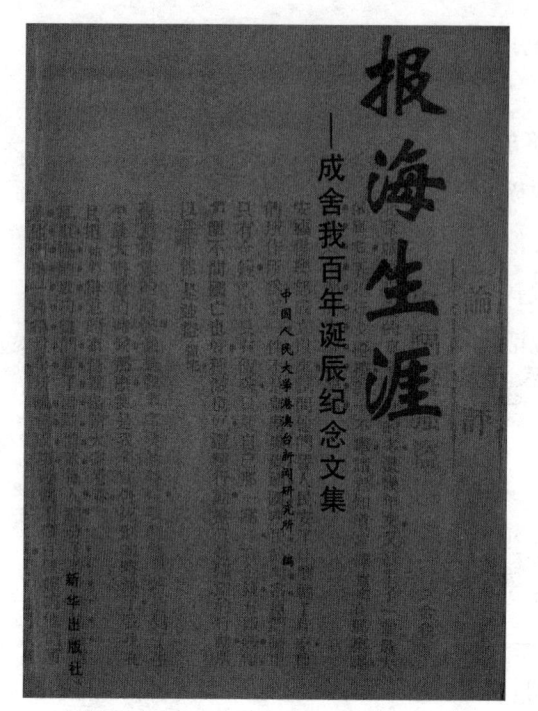

《报海生涯》书影

能说前一辈子中国知识分子，不了解新闻自由的重要？

成舍我先生逝世于 1991 年，终年 94 岁。大陆、台湾均出版了他的纪念文集，还有人专门写《报人成舍我研究》，他的报纸、他的新闻事业、他的思想，均成为我们宝贵的财富。

主要参考资料

《民生报》1934 年 5 月 24 日，5 月 29 日，6 月 15 日，7 月 4 日，7 月 20 日。

中国人民大学港澳台新闻研究所编：《报海生涯——成舍我百年诞辰纪念文集》，新华出版社，1998 年。

成舍我先生纪念文丛编辑委员会编：《成舍我先生纪念文丛——百岁诞辰专辑》，世新大学（台湾），1998 年。

林语堂著 刘小磊译：《中国新闻舆论史》，上海人民出版社，2008 年。

李磊：《报人成舍我研究》，中国传媒大学出版社，2011 年。

张友鸾（1904—1990）

张友鸾在艰难岁月中

1959年，张友鸾摘去了右派帽子，但处境似乎仍然不佳,性格则仍然磊落。他的女儿张钰回忆："记得反右以后，聂伯伯（指聂绀弩，反右运动中是古典部'独立王国'中的骨干，曾被打倒为'反革命分子'。）有时来看父亲，宿舍里的一些人对他侧目而视，他却旁若无人，昂首直入。父亲见他来了，马上置酒添菜，掩上房门。斗室之中，他们似乎忘记了外面的世界，依旧浅斟低酌，谈诗论文。"张友鸾的胸襟是非常开阔的。后来，聂绀弩赠张友鸾诗句："包袱三千种，心胸五百年。"

在报界前辈中，张友鸾是值得尊敬也是值得羡慕的。他曾被称为"最有风趣的报人"。这位民国年间与张恨水齐名的赫赫有名的报人，新中国成立后虽然不再办报纸了，但依然以其卓绝的智慧、多彩的文笔，写成千古文章，供世人广泛阅览。而他在逆境中一如既往的乐观豁达则是令人十分佩服的。

丰硕的成果

张友鸾在民国新闻界是非常有名的，先后在十几家报社工作，担任过北京《国民晚报》、南京《南京早报》的社长，曾是北京《世界日报》、南京《民生报》、《新民报》、《南京人报》、上海《立报》的总编辑，还担任过重庆《新民报》、南京《南京人报》的经理、总经理。同时，他写过许多脍炙人口的作品，与张恨水、张慧剑、赵超构并称为"三张一赵"，名重文坛。

1952年，《南京人报》停刊，张友鸾结束其新闻生涯。1953年，张友鸾被调到人民文学出版社，担任古典部小说组组长。张友鸾古文功底深厚，在新的岗位仍卓有成绩。他所注释校订的七十一回本《水浒》，是新中国成立后由国家出版社整理出版的第一部中国古典小说，其注释被称誉为"为新的注释之学安放第一块基石"。他所发表的《十五贯》、《魔合罗》、《赛霸王》等中篇说部，引起读者广泛的关注，1957年北京出版社出版了《十五贯》等六部单行本。他还责编了多部古典小说，撰写了《金圣叹怎样诬蔑宋江的》、《〈三国演义〉中的张飞》、《〈镜花缘〉的倾向性》等许多古典文学作品研究文章，与冰蔚合作译写了朝鲜古典名著《春香传》，并在上海《新民报》、香港《大公报》发表不少杂文，为中央人民广播电台《成语故事》、《古代寓言》两个固定专栏撰文……张友鸾成果不断，并常与好友聚会，其乐融融。然而，1957年，张友鸾不可避免地卷入了"反右"运动中。

1957年的灾难

本来，1957年开始整风时，张友鸾已打算离开古典部，联系回新闻界的事情。因此，机关里的鸣放，他都没有参加。"反右"开始，他的同事舒芜、顾学颉先后被揪出。舒芜每天低头上下班，张友鸾见了，远远地对他微笑致意。舒芜正为好友幸免于难而暗自庆幸，不料，紧接其后的北京新闻界座谈会上，张友鸾出席并做了《是蜜蜂，不是苍蝇》的发言，由此为自己引来祸端。

《是蜜蜂，不是苍蝇》的发言还被刊载于1957年5月28日的《光明日报》上。在这一发言中，张友鸾直言不讳地阐发了他对当时新闻界的意见，他认为新闻工作者应该得到信任和尊重，并说：

> 从最近一些被揭发的事实看来，新闻工作者的地位，显然没有得到各方面的重视。许多人对新闻工作者不信任，而更多的人却是对新闻工作者不尊重。新闻工作者在进行工作中，常常得到的是阻力而不是支持。
>
> 如果新闻工作者本身存在着"特权思想"，要求"见官大一级"，这是新闻工作者自己的错误。但是，事实所

告诉我们的却并非如此，事实只是某一些人对新闻工作者加以轻视，硬要看作是"逢人低三等"。

有人说，走到什么地方，都遇到新闻记者，讨厌得好像嗡嗡的一群苍蝇。这些话，早二十年，早三十年，旧社会里的新闻记者是不断听到的；没有想到，今天还听到这样的说话。

这句话也有一半是对的，新闻记者走到哪里诚然都是嗡嗡的一群。如果缺少这嗡嗡的一群，我们就会感到缺少很多东西，我们必然诧异这个社会的无声无息。

但是，另一半的话却不对。新闻记者在今天，应该不是苍蝇，而是蜜蜂。尽管苍蝇和蜜蜂同样的是嗡嗡嗡的一群，所发生的作用却大不相同。蜜蜂不仅为人类酿造蜜和蜡，而且在百花齐放之时，还要它传花授粉。用讨厌苍蝇的态度来讨厌蜜蜂，我们应该怜悯这些人的无知。也还另有一些人，他们之讨厌蜜蜂，并非不知道蜜蜂有哪些好处，只是因为蜜蜂有刺。

上述文字，现在看来，讲得是何等正确。可是，在当时特殊的环境中却是要冒被批的风险的。张友鸾不知道吗？从下面的文字中，可以了解到张友鸾还是知道当时的时局的。他提到一件事：

听张黎群同志说，《中国青年报》因为登了《白司长来了以后》这篇新闻，引起了些麻烦，于是有人说，《中国青年报》在"闯祸"。可能就算闯了祸吧，这种祸该不该闯呢？如果《中国青年报》不闯那个祸，不登那一篇新闻，那末，白司长走了，黄司长又来了；黄司长走了，蓝司长又来了；白司长走到这里，明天又走到那里，这样下去，总有一天，不必报纸登新闻，麻烦也要发生的。那时恐怕更使人伤脑筋吧？从这一角度看，《中国青年报》那个祸还是闯得好的。我们的报纸，对于那样的祸，应该去闯，而不应该回避。

据姚北桦回忆，张友鸾本不打算开口的，但会议主持人再三动员，他感到自己不讲几句仿佛对不起党的邀请。他又觉得自己作为新中国的一员，有责任为新中国新闻界的健康发展坦诚自己的观点。于是，他更加大胆提出：

我们有理由、有必要，让那些主观主义者、官僚主义者、宗派主义者正视新闻工作应有的社会地位，对新闻工作者加以信任和尊重。今天的新闻工作者，一般说来，都是有一定的政治水平和文化水平的。新闻工作者在进行工作的时候，是一个工人在从事劳动，是一个公务人员在执行公务。谁要对新闻工作者的工作加以阻挠，就是破坏劳动、妨碍公务。我们需要时常用这些道理去教育那些糊涂的人。

讲话中，张友鸾甚至敢于肯定"资产阶级的新闻学，说报纸应该有益和有趣，我觉得这话还是对的"。他还认为"这几年来，不容讳言，一般的新闻稿件，写得那么公式化，好像有一个套子"。并说"应当重视标题"，觉得当时的报纸"标题'刻板'，极少有刺激性，今年是'五一盛况几十万人游行'，明年还是'五一盛况几十万人游行',年年都是'五一盛况几十万人游行'"。

张友鸾的话显然引起了人们的"重视",自然也成为专为"钓鱼"而开的新闻界座谈会的"焦点人物",不仅在六月下旬受到北京新闻界的批判,而且批完后又发回本单位继续受批。张友鸾顿时成为出版社内"舒(芜)张(友鸾)顾(学颉)李(易)右派小集团"中的重要成员,被不停地批判,批得昏天黑地。他的处境一落千丈,十分不妙。

当时,面对这种突如其来的灾难,不少知识分子产生绝望心理,有的甚至自杀。可是,张友鸾对此却显示出他的心理承受能力。他对受到株连的儿子张传轮说:"把我打成右派错了就错了,以后必会改正。我这辈子就只是对不起你们,影响了你们。你们在部队,又在北京,部队更重视政治纯洁,这一点是可以理解的,你们不要怨恨部队的领导……"面对不懂事的孩子的不懂事的举动,张友鸾则展示了他伟大的父爱和敞亮的胸怀,他的女儿张镯回忆:"爸爸被莫须有的罪名戴上了'帽子',学校开学后系里让我作典型上台发言,表示与父亲'划清界限',不明真相且无知的我,竟在爸爸痛心疾首的日子里对他施加精神压力。可是爸爸完全理解我的处境,丝毫没责备自己的孩子,反而说对不起我们。9月9日,他在日记中写道:'晚得镯儿函,希望我好好检查,阅之心酸,我株连儿辈也。'9月29日,我托同学捎话说当天晚上返京。因临时有集体活动晚上住在同学家,爸爸'待至深夜'未见我回。次晨到家后,爸爸见到我心情十分沉重,他竟暗自写道:'予以身为右派分子,如此爸爸对之不免有愧矣。'在那个特殊的年代里,爸爸以海一般的宽阔胸怀对待不公正的命运,他把对我们的慈爱深埋在心底。"

如果说张友鸾在家中表现出的是宽容而慈爱的品质，在单位，他所表现出的则是困境中的诙谐与豁达。上班上楼时与舒芜相遇，旁边没有别人，张友鸾竟向舒芜微微一笑，道："无言独上西楼。"这令舒芜十分感慨，"此时此地，他还是这样妙语如珠，典切自然"。他被批判以后，还以仁者之心想着别人，他害怕同样被批判的叶由想不开，专门陪伴叶由睡到天明。叶由被发配江北，因前途未卜，寄给张友鸾一诗，表达自己的悲凉心境："连朝风雨急，落叶满金陵，举世谁知我，途穷涕泪横。"张友鸾马上抄唐朝诗人高适诗送给叶由："千里黄云白日曛，北风吹雁落纷纷。莫愁前路无知己，天下谁人不识君。"这对于当时的叶由来说，无异于雪中送炭，使他悲伤的情绪稳定下来。张友鸾也继续进行自己的工作，选注《史记》。

"包袱三千种，心胸五百年"

1983年，张友鸾与女儿张钰合影

1959年，张友鸾终于摘去了右派帽子，但处境似乎仍然不佳，而性格则仍然磊落。他的女儿张钰在《没字碑寻白雪篇》中写道："记得反右以后，聂伯伯（指聂绀弩，反右运动中是古典部'独立王国'中的骨干，曾被打倒为'反

文化人的"死"与"生"

革命分子'。）有时来看父亲，宿舍里的一些人对他侧目而视，他却旁若无人，昂首直入。父亲见他来了，马上置酒添菜，掩上房门。斗室之中，他们似乎忘记了外面的世界，依旧浅斟低酌，谈诗论文。"张友鸾的胸襟是非常开阔的。后来，聂绀弩赠张友鸾一诗："包袱三千种，心胸五百年。"

摘去右派帽子后，张友鸾又可以公开发表文章了。他创作的长篇小说《国大现形记》、译注的《赵充国传》、译写的《不怕鬼的故事》、与别人合作选注的《关汉卿杂剧选》先后面世，他还在香港《文汇》开辟专栏"友鸾杂写"，为香港《大公报》写专栏"旧读新钞"。他在辛勤的笔耕中收获着自己的快乐。"旧读新钞"专栏中，写的多是一些小文章，却颇有趣味。例如一篇关于"生"与"死"的文章，标题即为"假祭真死"，内容如下：

从前读过一篇翻译小说，内容大略是：某甲平日身体健壮，以此自诩，几个朋友便相约开开他的玩笑。这天他刚刚下了办公室，遇见了某乙。某乙用很诧异的口气说道："今天你的脸色怎么这样难看，莫非有病吗？"某甲笑道："简直胡说！我的精神好着哩！"走到门口，又遇到某丙。某丙说："你遇见什么事了？要不然就是你有病。你看，你面容惨白，只是强打精神的样子。"某甲还是不信，淡然摇头而行。出了门，某丁迎头撞见，一把拉住他道："看你像得了重病的，不要一个人走路罢，我给你雇车子，送你到医生那里去！"这话才说完，某甲竟然晕倒在地。及至真的送去找医生，他却回不过气来，就那么死了。这篇小说作者是谁，记不太清楚，好像是契诃夫。

宋人马纯《陶朱新录》却认真记述一个故事道：有个通判监酒（官名）名叫赵诗，少年读书的时候，在学校里和同伴们商量，开一个渴睡汉的玩笑。这天，正当那个渴睡汉熟睡的时候，他们在他床前，供设了香炉花果和纸钱。暗中偷瞧，那人醒来，如何发脾气骂人。一会儿，那人果然醒了，却没有发脾气，只是感慨万分、自言自语道："我已经死了吗？"说过这话，倒下头去又睡，这一睡可就没有再醒。大家没有料到这样结果，吓得赶忙撤去床前那些供设的东西，谁也不敢提起这件事。大约总是几十年后，才告诉别人。可只猜不透，为什么小小玩笑竟能吓死人。

两个故事的主人翁，都是被人开玩笑吓死的。想来只有是严重心脏病或者神经病患者，一时受了刺激，才会"吓掉了魂"。此事可以从生理、心理上找出依据，不算稀奇。有趣的乃是中外两作家，一个出于想象，一个据实记述，却异曲同工地写出这样的故事来。

据说，张友鸾写这些文章得了不少稿费，连邮局送汇款单的人都要他请客。张友鸾当然就更加快乐了。

胡子的传奇经历

可是，没几年"文革"开始了，张友鸾不得不再次面临新的考验。好在他已于1962年适时地从人民文学出版社退休，从而没有和舒芜等在职人员一起进牛棚、下干校，只是接受街道群众的专政。他虽然在胃病发作的时候还被迫打扫院子和街道,但他乐观地"享受"着两角钱一包的蹩脚烟、一元钱一斤的老白干,依然妙语连珠地看待他的生活,对来访的钱文源说:"一辈子伏案爬格子,就连每餐小饮几杯时也得臣伏于这张'小方桌'。这样不好啊。不是常说'生命在于运动'吗,好啦,我现在每天早晨起来,就拿起扫帚,到胡同里去'运动',人称之为'扫马路'。这扫马路的乐趣可多着呢,真有些是书桌前见不到、想不出的啊!"他很会享受生活,不拘泥于一事一物,他曾把自家墙上所挂的徐悲鸿《双鹊图》卖了买酒喝,显示出一种少有的洒脱情怀。他还是一个美食家,最普通的炒白菜,在他手下能成为美味佳肴。他依然好客,为那些精神疲惫的朋友送去温暖,为那些思想枯竭的后辈送去知识。他也很有自信和远见,很早就料到那个女人(指江青)一定不会有好下场的……总之,人们在张友鸾身上看到的是能经受苦难的大智慧,是令人敬佩的大洒脱。

尤其令人想不到的是,张友鸾所留的胡子,竟有一段传奇式的历程。1957年时张友鸾已经留了胡子,而且在发表文章时随便用了一个"胡子长"的笔名,没想到这便成了被批斗的把柄。有人质问他为什么取"胡子长"的笔名,他对此没有思想准备,好在自己学识广博思路灵敏,于是马上"胡扯"道:"今人有胡子昂,胡子婴;古人司马迁字子长:我叫胡子长有什么不可以?"对方听到这样的回答,立即上纲上线,大喝一声说:"你这就是用资产阶级、封建人物做榜样!"张友鸾一听傻了,没想到对方之思路竟也如此"敏捷",且更能胡扯!不仅如此,对方想了一阵,竟又想出其他"道道"来,呵斥道:"想当初,梅兰芳蓄须明志,为的是对抗敌人;你为什么蓄须?明的什么志?不是反党、反社会主义是什么!"这一问还真难倒了向来聪慧的张大先生，他哑口无言，心里有想法但已不敢分辨。此事发生后，张友鸾有意将胡子剃掉，可转念一想："如果这时剃了胡子，岂不是承认留胡子是有那个意思吗？而那个意思我是做梦也不曾想到的。再说，我要是竟然把胡子剃了，那些人会不会指责我以此'表示抗拒'呢？希望得到夸奖，说我从善如流，那是可能的吗？"这样一想，张友鸾在矛盾的心理下认真地"养"起了胡子。

"文革"期间，张友鸾的胡子更白了，戴着眼睛，还有点秃顶，显得比他的实际年龄要老得多。没想到，正是这种模样，竟使他躲过不少劫难。张友鸾在其名著《胡子的灾难历程》中用"带着辛酸的微笑"这样写道：

又有一回，遇见两个戴着红臂箍的娃娃，嘻嘻哈哈指着我议论："这个白胡子老头还活着，真是'胖子拉矢'。"我知道他们的话不怀好意，但我不懂"胖子拉矢"的意思。后来问人才明白，那是北京当时新兴的歇后语，语根是"没劲"。

"老家伙"、"老厌物"、"老而不死"、"老奸巨滑"，这都是常听到的叱骂。对于我来说，不能与胡子无干。然而我却从不为此动念取消胡子。

也许正因为有胡子，得到"恤老怜贫"的"照顾"，除了挖地道、烧砖、砌污池叫我下手之外，只叫我扫街。有人认为这是处罚，我不这样认为；如果这样，岂不一下子贬低了平日扫街者的身份，把那当作贱业吗？他们也承认，社会主义制度下，只有职业分工，并无所谓贵贱嘛！

休道我"不以为耻，反以为荣"，扫街还扫得那么洋

文化人的"死"与"生"

《胡子的灾难历程》书影

洋得意；且说有一天，我毕竟也难为情起来。我扫的是一条胡同，胡同外就是大街。那天我刚刚扫到胡同口，却见大街上有几个背着照相机的外国人，正朝这边走来。我慌忙把胡子揣到衣领里，身子缩进了胡同。所幸他们并没有发现我，一径地过去了。我怕什么？怕的是被他们照了相去，"眼镜、胡子老头扫街图"，总不像样。如果通过我而使祖国蒙羞，我将引为终身憾事了。

这件事触发了我，又觉得有把胡子剃掉的必要。无如当时啼笑皆非，动辄得咎，剃胡子变了形象，就会说你"化装"，问你"意欲何为"，是不是要逃避"挂影图形"？这可是大罪名，担当不起。至于"抗拒"的旧话重提，更是难免。算了吧，多一事不如少一事，胡子已经被骂够了，再骂也只是那几句；剃了胡子哩，倒提供骂的新资料了。最后对自己裁决：不剃！

胡子因此而"苟全性命"。

在那日日夜夜里，我也曾抱怨过自己：早知如此，何必退休呢？朋友听了好笑，他们说："若是在职，必进'五七干校'。'五七干校'提人问话，照例要揪头发。你无甚头发可揪，胡子倒是现成，只怕几次'牵牛而过堂下'，早把胡子薅光了。"这话很有意思，能让我心平气和，辱而知足。

"文革"终于结束，张友鸾再次迎来收获的季节，写小说写杂文写回忆文章，整理旧作出版新书，忙得不亦乐乎。回顾特殊年代，他依旧非常坦然，对苦难的历史一笑而置之，有时还会流露出"性格压不垮"的几分豪气。他对胡子仍然情有独

张友鸾《古典编余录》书影

钟，还在香港《新晚报》开辟"掀髯谈"专栏；他更加快乐地享受生活，美食美酒伴美文，真正自得其乐！在老年病重失语的情况下，他还返回魂牵梦绕的南京定居。

1990年7月23日凌晨，张友鸾银须飘洒，离开人世。

主要参考资料

张钰选编：《胡子的灾难历程：张友鸾随笔选》，北京十月文艺出版社，2005年。

张友鸾著，张钰编：《古典编余录》，文化艺术出版社，2008年。

《张友鸾纪念文集》编辑组：《张友鸾纪念文集》，文汇出版社，2000年。

梁漱溟（1893—1988）

梁漱溟的底气与胆识

　　我一直在思考着，为什么梁漱溟在那样的形势下仍能有那样的血性？他的底气和胆识来源于哪儿？茫茫人海，为什么在无数人或狂乱或盲目或迷茫或屈服的时候，梁漱溟却能以其浩然之气独立于众山之巅，令人仰望？他的人格魅力究竟从何而来？

文化人的"死"与"生"

1974年，当全国范围的"批林批孔"运动进入狂潮时，有一位82岁的老先生冒着被打成"反革命分子"的危险，理智而冷静地表达了自己的真实观点，他不惧排山倒海般的政治压力及政治批判，坚持着自己的独立判断，恪守着自己作为知识分子的尊严和人格，无意中成就了人生最辉煌的篇章。

这个人就是梁漱溟。

梁漱溟的自信心

梁漱溟不仅是一位哲学家、教育家、思想家，而且是一位勇于实践、探索救国救民之路的爱国民主人士。他在中国学术史、政治史、教育史、经济史诸多领域均起过重要作用，更因为敢担当、能始终保持知识分子之独立精神而受到世人的普遍尊敬。

他的主要经历有：祖籍广西桂林，1893年生于北京。1911年加入同盟会。1917年担任北京大学印度哲学讲席。1924年辞去北大教学工作，赴山东主持曹州高中及重华书院，并筹办曲阜大学。1930年任河南村治学院教务长，并接办《村治》月刊。1931年在邹平创办山东乡村建设研究院，任研究部主任、院长，力行乡村建设运动，并成为中国乡建运动的代表人物。抗战期间，为促进团结抗日，参与发起组织统一建国同志会（1940年改组为中国民主政团同盟，后更名为中国民主同盟），任中央常务委员并兼任机关报《光明报》社长。1946年任民盟秘书长。新中国成立后，为第一、二、三、四届全国政协委员，第五、六届全国政协常委，并担任中国孔子研究会顾问、中国文化书院院务委员会主席等职。

他的著述颇丰，其中《东西文化及其哲学》、《乡村建设理论》《中国文化要义》《人心与人生》等，都成为经典学术著作。

梁漱溟一生言行合一，信奉孔子的"仁者不忧"之说，认为自己是一个承受"天命"对社会有历史使命的人，绝不会轻易出事。抗战期间，袁鸿寿先生在桂林七星岩请他吃素席，饭后在一株小树下聊天，恰好敌机在头上盘旋下"蛋"。袁鸿寿大惊失色，赶紧拉梁漱溟躲避。"而梁漱溟则镇定自若，聊天如常"。1942年，梁漱溟自日军占领下的香港逃出后给儿子写信，称："我不能死。我若死，天地将为之变色，历史将为之改辙。"

这样一个人，他是始终将真理视为第一的。无论外界环境如何，压力多大，绝不随波逐流。

梁漱溟"批林批孔运动"中发言稿之一

对林彪的态度

"批林批孔"运动中的"批林"，就是"批判林彪"。

对于林彪，梁漱溟在新中国成立前后均没有任何评论。但在1970年讨论"宪法草案"时，梁漱溟出于公义，不能不提出自己的观点。

当时的林彪，正是最得意的

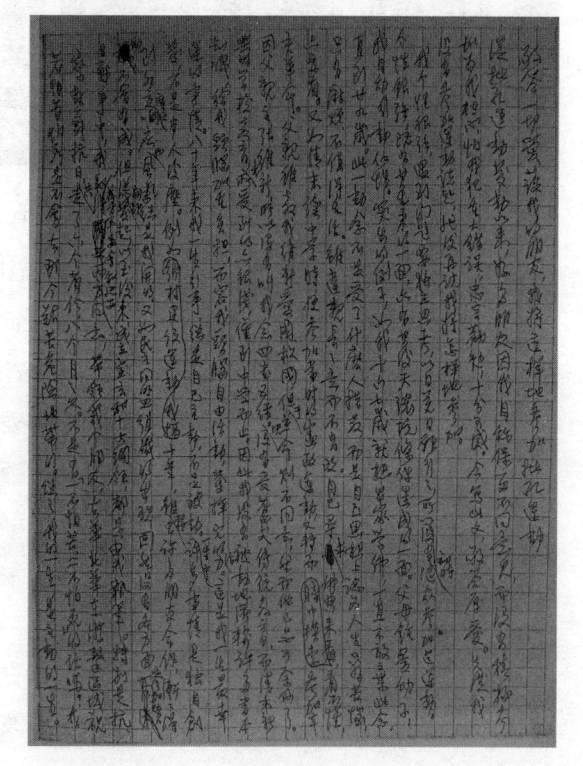

87

文化人的"死"与"生"

政协礼堂

时候。在1969年4月的中国共产党章程修改草案中，已十分引人注目地规定了："林彪同志是毛泽东同志的亲密战友和接班人。"1970年，林彪的名字更进一步地写进"宪法草案"中，支持声响彻全国。在全国政协军代表咨询政协委员们的意见时，经历过多次运动后的政协委员们，没有一个敢于提出对"宪法草案"哪怕是字句上的些微意见。

这样的情况下，梁漱溟却在最后一次学习会上十分明确地提出了自己的看法。他说：

第一点，据我的浅见，近代的宪法最早产生于欧洲，首先是英国，其重要出发点之一是为了限制王权。换句话说，就是为了限制个人的权力太大。有了宪法，则从国家元首到普通公民，都得遵循，且在法律面前一律平等，而不允许把任何一个个人放在宪法之上。如有把个人放在宪法之上，则宪法的执行便必定不完善、不彻底。因此，我认为，现在的"宪草"序言中，写上了个人的名字，包括林彪为接班人，都上了宪法，这是不妥当的，起码给人有个人高于宪法的感觉。接班人之说，是中国的特殊情况，而宪法的意义是带有普遍性的。不能把特殊性的东西往普遍性的东西里边塞。但我声明，我不赞同把个人的名字（包括接班人）写进宪法，并不是反对选择某个人当接班人。中国历来有自己特殊的历史条件和历史现象。接班人之说在一定的历史时期是客观存在，而不在于某个人的好恶，或赞成，或反对。

第二点，这次"宪草"的条文比先前那部宪法少了许多，条文少不见得就一定不好，但有的重要条文少了却不甚妥当，比如设国家主席。一国的元首，不能没有。设国家主席是一回事，选谁当国家主席合适是另一回事。现在的"宪草"没有设国家主席这一条，不知为何？

这些观点从现在看来是客观而公允的，但在当时的政治形势下，一语而惊四座，且带有巨大的政治风险。短时间的沉默后，很快就有人表示："在小组学习中竟然出现这样'恶毒攻击'的言论，绝对不能听之任之，必须批判！"还有人紧跟着说："这种反动言论要在外头讲，当场就会被革命群众批倒斗臭，砸个稀巴烂！"气氛非常紧张，但梁漱溟是经过深思熟虑而说出这样的话的，心中自有坚强的定力，绝对不会因为这样的指责恐吓而改变态度。这次学习会上，军代表正巧有事没参加。主持小组会的召集人之一于树德马上宣布："一、情况向上反映，听候处理；二、谁都不许向外扩散，谁扩散责任自负。"这样，梁漱溟所将承受的风险被压到最小的范围内，但即便如此，知道此事的亲友们无不为梁捏一把冷汗。好在上层的政治形势正发生着微妙的变化，更有周恩来的暗中保护，使得几天后的会议上，召集人便宣布："上级的指示，因为是征求意见，提什么意见建议都是可以的。"梁漱溟因此摆脱了批判。

　　从梁漱溟提出的观点中不难看出，梁漱溟对林彪的态度是从宪法及国家的根本利益上引发的，他反对将林彪的名字写进宪法，也是从宪法的根本意义出发的，而非针对林彪个人。当然，此时的梁漱溟更不会料到，一年之后，林彪就从"红人"急转直下而成抢班夺权、策动武装政变失败后的反革命罪犯，坠毁于叛逃的途中。紧接着就是全国范围的"批林整风"运动。再往后，梁漱溟更没有想到，"批林"竟与"批孔"合二为一，声势浩大的"批林批孔"运动在全国范围内开展起来。"批林批孔"显然被有意地上升到政治路线的斗争上，在江青等人的全力推动下，此种舆论甚嚣尘上，举国鲜有敢异议者。

　　此时，又是梁漱溟，经过自己的独立判断，发出了不同的声音。他对林彪的态度是这样的：

　　　　我之批林有些不同于众的说法，颇受众人非难，竟然加我以尊孔保林的罪名。盖我认为林贼（何）尝有什么政治路线可言？他不过一心要搞政变夺权而已。如刘少奇，如彭德怀，尽管其路线不对，不是无产阶级革命之路，却他们各有其公开的主张提出来；他们自以为是对的，是为国家大局设想的。林贼何曾如此？表面上他主张在宪法中设国家主席,希望毛主席来担任,实则自己想当国家主席,又不好出口。什么"天才论",全是假托词,全是花样假招。他同他的妻和子以及少数私党在阴暗角落里搞鬼,难道已算他为国家大局设想的路线吗?假若他当真为国家大局设想需要设国家主席,而且在毛主席不担任时,自信他来担当是相宜的话,他亲向主席提出商量,那样,我承认他算得上是有路线。他未曾这样做。说路线,总是为大局前途设想的;你不能把他们不敢见人的"五七一工程纪要"说做路线。在林贼虽无路线可言,然而他之所为却在破坏毛主席领导的正确路线,那么,也就可以说做党内的第十次路线斗争。

学习会同人在这里却指责我把无产阶级政治中路线斗争,说成是封建国家或资本主义社会彼此个人间的权力之争,有意反对领导党之所论定。那对我是一种诬赖。(梁漱溟:《批孔运动以来我在学习会上的发言及其经过述略》)

在这些发言中,难能可贵的是梁漱溟为刘少奇、彭德怀的辩解。当时,曾任国家主席的刘少奇,早已蒙受冤屈,被"永远开除出党",被批判为"叛徒"、"内奸"、"工贼",而且被诬为"反革命修正主义集团的总头目",于1969年11月12日含冤离开人世。不仅如此,江青、康生等人还一次次栽赃陷害不愿意证明刘少奇是"叛徒"的正直人士。历史学家翦伯赞就是因此而被迫自杀的。彭德怀的情形与刘少奇相似。在当时的情况下,人们对刘、彭之事,唯恐避之而无不及,生怕惹火上身,使自己也成为"反革命分子"。哪想到,梁漱溟竟然公开宣称刘少奇、彭德怀二人"自以为是对的，是为国家大局设想的。林贼何曾如此？"他还说："林彪的一套都不是关于中国前途的公开主张。""一个政治家，为国家、民族之前途设想而提出的公开主张，才能称得上是路线。""从做人角度看，光明是人，不光明是鬼！林彪就是一个鬼，他够不上做人，没有人格，这就是我对林彪最严厉的批判；而刘少奇、彭德怀不是这样。刘少奇的主张很多，总是公开的。彭德怀也有公开信给毛主席，他对党的路线、政策有怀疑，公开提出自己的主张。他们的错误只是所见不同或所见不对。但他们都有为国家、民族前途设想而提出的公开主张，是明明白白有路线，够得上路线的。"（李渊庭、阎秉华：《梁漱溟年谱》）在当时的政治环境下，敢说这样的话，真是天大的胆量，有着天大的底气，秉承了中华五千年来最优秀知识分子最淳厚的品质！

梁漱溟将刘少奇与林彪截然分开，这是非常了不起的。联系中央文献出版社在《毛泽东传》中关于毛泽东当时思想状况的分析，我们会更深地理解梁漱溟此举之不同寻常。

《毛泽东传》第1654页这样写着：

但在毛泽东的思想上始终存在那个难以克服的矛盾：一方面，他确实在着手解决"文化大革命"中出现的许多混乱现象，想把局势逐步引入正轨；另一方面，他又十分担心人们全面否定"文化大革命"。因此，他认为党的十大所要解决的主要问题，仍是对"文化大革命"的看法。针对社会上流传的"文化大革命失败了"的说法，毛泽东在三月二十五日政治局会议上批驳道：怎么能这样说呢？文化大革命把刘少奇集团揪出来了嘛，又把林彪集团揪出来了嘛,这是个伟大胜利。如果不是这场大革命,刘、林他们怎么能发现?怎么能打倒?此外,毛泽东重申了对待在林彪问题上犯有错误的人的政策,并指示要安排好年度国民经济计划,使国内工作逐步走上正轨。

成为政治运动中的焦点人物

"批林批孔运动"中的"批孔",是指"批判孔子"。孔子是春秋战国时期儒家的代表,怎么会把"批林"与"批孔"连在一起呢?起源如何?

金春明所著《中华人民共和国简史》这样解释:

> 江青一伙急于寻找机会打倒主持中央日常工作的周恩来,篡夺党政大权。他们在林彪家中找到了一些摘录的孔子和儒家著述的语录、条幅和卡片;于是,江青让北京大学和清华大学写作班子,把这些东西整理为一份资料,取名为《林彪与孔孟之道》,送给了毛泽东,并建议开展一个所谓"批林批孔"运动。这投合了毛泽东的想法。因为林彪事件的发生对毛泽东是一个很大的震动,他也一直在探索林彪搞反革命政变的思想根源。1973年7月,他就在一次谈话中指出,林彪是"尊孔反法"的。8月,他又批示让《人民日报》发表广州中山大学教授杨荣国的文章《孔子——顽固维护奴隶制的思想家》。江青送来的资料,恰好被认为是证明了自己的想法。因此,开展"批林批孔"运动的建议就得到了毛泽东的批准。《林彪与孔孟

之道》被作为1974年的第一号中共中央文件下发到全党。于是，江青一伙就大肆活动起来。

紧接着的1974年1月24日（正月初二），江青突然把在北京的军委直属机关和在京部队单位的干部集中起来，开了一个"批林批孔"动员大会。第二天，又把中共中央直属机关和国务院直属机关的干部集中到首都体育馆，再次召开"批林批孔"动员大会。这一次的会议上，迟群与谢静宜成了主讲人，一唱一和；江青则不时插话，指手画脚，点这个，批那个。整个会场气氛异常，让人莫名其妙。也就是在这次会议中，梁漱溟被点了名。

江青这样说："中央人民政府二十七次会议上，主席讲，关于孔夫子的缺点，我认为就是不民主，没有自我批评的精神，有点像梁先生。梁先生者，何人也，梁漱溟也，他现在还反对我们，反对我们批孔。他是尊孔。'吾自得子路而恶声不入于耳'，这是孔老二的话，'三盈三虚'，这不是，这是荀子的话，'三月而诛少正卯'，很有些恶霸作风。我们的主席说孔老二有恶霸作风，法西斯气味。我愿朋友们，尤其是梁先生，不要学孔夫子这一套，则幸甚。那么当时讲的这段谈话，像梁漱溟这样的先生老爷，会不领教的。"

这里的"主席"自然是指毛泽东。提及的毛泽东的谈话内容是在1953年召开的中央人民政府委员会第二十七次会议期间的讲话。原话是："关于孔夫子的缺点，我认为就是不民主，没有自我批评的精神，有点像梁先生。'吾自得子路而恶声不入于耳'，'三盈三虚'，'三月而诛少正卯'，很有些恶霸作风，法西斯气味。我愿朋友们，尤其是梁先生，不要学孔夫子这一套，则幸甚。"江青则有所引申。由此，梁漱溟再一次成为政治运动中的一个焦点人物。

另外一种说法，认为在1973年11月，江青即在首都体育馆鼓动"批林批孔"、"评法批儒"时，捎带批判了梁漱溟，并怒斥"梁漱溟何许人也"。这种说法的时间可能有误，但梁漱溟倒确实是在1973年11月开始卷入"批林批孔"的旋涡。

他本人曾多次回忆当时经过：

批孔运动始自1973年11月，我在学习会上第一次发言在16日，其词是对会上同人向我发问的回答。我说："此时此地我没有好多话可说。这里是政协学习会，'政'是政治，必须以当前政治为重。'协'是协商、协调，必须把一些不尽相同的思想意见求得其协调若一。因为我们都（是）从四面八方来的人，原不是一回事，怎样求得其协调和协和呢？那就是要'求同存异'，求大同存小异。像毛主席早曾说过的，如有不同意见允许保留的话。新党章内尚且有此规定，何况我们党外人。但自己有不同意见，要保留。我若放言高论，那便不对。"当时会上各位同人对我的话均默然无任何反应表示，各自去发言批孔。

批孔是从批林引起来的。我在学习会上曾表示批林不批孔。但我之批林有些不同于众的说法，颇受众人非难，竟然加我以尊孔保林的罪名。……

上文中所说的"学习会"，是指全国政协的学习组会议。梁漱溟虽然早在1953年就受到批判，但他一直是全国政协委员。在"文革"中，政协的工作受到很大的冲击，政协委员的学习也是时断时续。1970年，政协军代表决定恢复政协直属组学习，人数约十人左右，有杜聿明、宋希濂、溥杰、于树德、赵朴初、王克俊、程思远、梁漱溟等人。学习恢复不久，即有对"宪法草案"的讨论。1972年，全国政协基本上恢复了每周学习两次的活动。1973年10月底，在江青等人阴谋策划"批林批孔"闹剧的时候，在京的全国政协委员、各民主党派和工商联上层，刚刚恢复学习，梁漱溟参加学习并被编入学习组。在学习会上，许多人都积极表态"批林批孔"，并生硬地将孔孟之道与"批林"捆在一起。梁漱溟虽有不同意见，但在当时的时代背景下，很难一时分辨出"批林批孔"政治运动的正确与错误来。所以，梁漱溟保持沉默。

只是，这种沉默很快就被打破了。其根源还是来源于梁漱溟对孔子的态度。

在介绍梁漱溟对待孔子的态度之前，还是让我们先回到"批林批孔"运动的历史现场，看看当时的人们是怎样批判孔子的？是如何将孔子与林彪联系在一起的？又是如何将批判孔子上升到一个"路线"高度上的？

北京大学哲学系七二级工农兵学员所编的《孔孟之道名词简释》如此解释"儒家"及"孔孟之道"：

"儒"，起先指春秋时期替奴隶主贵族办丧事，当吹鼓手的一些人。孔丘（即孔子）在年轻的时候从事过这种职业。后来，他在鲁国当大官，办私塾，大肆宣扬为反动的奴隶主贵族专政作辩护的政治、道德、哲学思想，培养了一批为复辟奴隶制服务的知识分子，逐渐形成了一个反动的学派。因为孔丘干过"儒"这种职业，后人便把他创立的学派称为儒家。

到了战国中期，复辟奴隶制的反动思想家孟轲（即孟子），进一步发挥了孔丘的学说，所以人们又把这个学派的思想叫做"孔孟之道"。孔孟之道被历代反动阶级所接受和发挥，是一切反动派镇压革命、反对变革、维护反动统治、宣扬复辟倒退的思想武器。在对外关系方面，它又是反动的统治阶级宣扬卖国投降主义的思想武器。

历史上的儒家代表人物，除春秋战国时期的孔丘、孟轲以外，还有汉朝的董仲舒，唐朝的韩愈，宋朝的程颢、程颐、朱熹、陆九渊，明朝的王守仁等。

在社会主义革命时期，刘少奇、林彪之流，妄图复辟资本主义，开历史倒车，也大肆吹捧孔孟之道。特别是叛徒、卖国贼林彪派人到处搜集儒家的反动言论，利用它制造反革命舆论，妄图颠覆无产阶级专政，复辟资本主义，变我国为苏修社会帝国主义的殖民地。林彪是一个地地道道的孔老二的忠实信徒，是混在我们党内的一个大儒。

另一本中共晋东南地委通讯组编印的《批林批孔资料》中这样写道：

孔老二是反动没落奴隶主阶级的代言人。他创立的儒家学派，厚古薄今，主张开历史的倒车，在政治上极端反动，在理论上极为荒谬，在手法上极其虚伪。这种反动思想，很适应反动统治阶级的需要。因此，历代反动统治者及其反动文人，都对它大肆吹捧，不断加工，并强迫人民像宗教教条一样去信奉。影响很深，流毒很广。一切反动派,包括帝国主义和社会帝国主义,也包括党内历次机会主义路线的头子,都是尊孔派。他们为了毒害人民,破坏革命,无不拜倒在孔老二的脚下,从孔家店那里取经学道,寻找反动的思想武器。资产阶级野心家、阴谋家、两面派、叛徒、卖国贼林彪,是地地道道的孔老二的信徒。他躲在阴暗的角落里,疯狂鼓吹和兜售孔孟之道,为他"克己复礼",复辟资本主义制造反革命舆论。我们要从政治、思想上彻底批判林彪反党集团修正主义路线的极右实质,在上层建筑领域中逐步清除复辟资本主义的反动思想,就必须狠批反动的孔孟之道。不批孔,批林就不能彻底,反修就不能彻底,防修就没有保证。

这种带有浓烈阶级斗争火药味的说法,在当时是再普遍不过的了。之所以批判孔子,乃是因为他代表着落后的奴隶主阶级利益,反历史潮流,统治和剥削劳动人民;"克己复礼",乃是复辟孔子之前的周礼;林彪之流则被批判为孔子所代表的儒家的忠实信徒。而"批林批孔"则被上升到政治路线的高度上,一旦有哪个人尊孔,往往被划到反革命的行列,被批斗,被打倒,甚至被整死。

在这样的形势下,梁漱溟保持着自己的清醒判断和铮铮傲骨。他对孔子、孟子以及孔孟之道是再熟悉不过了。年轻时,孔孟之学曾解决了梁漱溟的思想苦闷,他因此不仅与孔孟之道结下不解之缘,将其深深地融合到自己的思想当中,而且主动将孔孟之道与生活实践互相印证,使其对孔子及孔子的思想更加了如指掌,有着最大的自信,决不会因为外界的运动而干扰自己的判断。所以,在全国皆"批孔"的时候,梁漱溟则坚定地认为:"由孔门的理性学风及其谆谆以情理教导于人者,却能使人头脑心思开明而少迷信固执,使人情风俗趋于敦厚礼让,好讲情理。两千年来中国对外居于世界各方之间,其文化显著异采,卓然不群,而就它如此广大社会内部说,其文化竟尔高度统一者,前两千五百年的孔子实开之。"

长文《今天我们应当如何评价孔子》中,梁漱溟在第七第八两部分中,虽然也客观地分析了孔子思想及中国传统文化的缺点,如"消极"、"幼稚"、"老衰"、"不落实"、"暧昧而不明爽"等等,但字里行间其实是洋溢着对孔子思想及中国传统文化的褒扬。在此之后,梁漱溟更将全文的最后部分分为上下两章,专门阐述"从马克思主义阶级观点审查孔孟之道"。上章力图从根本上反驳当时流行的"批孔"主张。一开头便直截了当地提出:"目前批孔运动中一般流行意见,我多半不能同意。"接着,很有针对性地反驳了当时"批孔"中的主要观点,称:

《今天我们应当如何评价孔子》文稿之一页

即如认为孔子护卫奴隶制之说,便不合事实。其说殆误于社会发展史分划五阶段为世界通例,而不知其不可泥拘。世界史上各方各族不经过奴隶制阶段者其例既非一,而如我所见中国社会的历史发展盖与印度同属于马克思所谓亚洲社会生产方式者,尤其有殊于一般。

……

修身即修己成为儒家前后数百年间通行的"术语",亦为其根本观念。

然而此通行于儒家学派的思想道理,实在不合于一般阶级社会内居于统治地位者的通例。……试问一般阶级社会内居于统治阶级地位者岂能这样行事呢?奴隶主对待奴隶固不能这样,封建领主对待农奴亦不能这样,资本家对待工人都不能这样。工人若罢工,资本家即以闭厂来还击,总之是阶级斗争,彼此相交以力。然孔孟儒家却明明反乎此通例。

……

马克思主义的伟大精神就在其破除一切教条主义。凡执着于社会发展史五阶段说者,无见于中国社会历史发展属于马克思所谓亚洲社会生产方式者,不可能于中国社会文化有认识,不可能懂得什么是孔孟之道。于此而言批判孔孟,只能是卤莽灭裂,脱离了马克思主义。

《从马克思主义阶级观点审查孔孟之道(下)》中,梁漱溟分别就一些具体问题反驳"批孔"主张。

对于大骂《孟子》"劳心者治人,劳力者治于人"的言论,梁漱溟这样反驳:"在我们今天向着泯除劳心劳力的阶级分别前进,要走上社会主义道路的时候,信乎要求劳心劳力之合一,那是不错的。但你不能以此责备于数千年前的古人。相反地,在古代那时劳心劳力的分工原是人类社会经济发展最初、最必要又最大的一步。"

对于时人集中批判的"克己复礼",梁漱溟认为:"'克己复礼'是孔子答颜渊问仁所说的话。'仁者人也','我欲仁斯仁至矣'。诸弟子之问仁,皆就个人自己生活修养而问,不涉及社会制度。……孔子虽重视礼文,礼文却以情理为其内容。此即是说:礼文的本质在情理。……孔子认真在情理上,而断不执着于任何徒有其表的礼貌仪文,又何必定要恢复周代之礼?……时论既误解克己复礼为恢复周礼,又误指周代为奴隶制社会,便谓孔子身当奴隶制封建制交替之际,出而卫护奴隶制,自属误上加误。"

对于时论以"四体不勤,五谷不分"来批孔,梁漱溟则举例说明孔子毫无贱视生产劳动的形迹。当门人以学农学圃为请时,孔子回答:"吾不如老农"、"吾不如老圃",由此可见孔子之高明通达,岂是应该批判的?

对于运动中经常提到的儒法斗争,梁漱溟揪其一点而着重反驳:"论者竟指目荀况为法家。法家李斯韩非虽曾受学于荀子,然荀子之学毕竟为儒家之一派。若不从其思想主张的全面来看,岂非断章取义!"

对于被诅咒为"吃人礼教"的"三纲五常",梁漱溟也敢于与时人辩驳,说:

> 批孔漫及于后儒,类如所谓"三纲(君为臣纲,父为子纲,夫为妻纲)五常(仁、义、礼、智、信)"者,皆出自后儒。其在近两千年的传统文化社会秩序是起着莫大作用的。若论其利弊得失,乃至孔子的功罪,可分三层来说:

文化人的"死"与"生"

三纲五常的老话，在今天中国社会早无从谈起——从辛亥革命和"五四"运动以来早经抛弃——然而不管你喜欢不喜欢，它在过去两千年起着莫大作用，这一客观事实，谁能否认？任何事物（社会礼俗在内）总为人所需要而后能存在。它存在，而且存在如此之久，就证明它有用，有合于社会需要。它曾长期地维持着社会秩序，让人们从事生产和生活。我民族生命之无比绵长，我民族单位之无比拓大，未始不有赖于此。那么，它所起的作用是好是坏呢？可能有得亦有失，且由人去论定吧。

假如说它是"吃人礼教"，起着坏作用，孔子亦不任其咎。正如同一切马克思主义者若陷于教条主义的错误，马克思绝不任其咎；那么，后世所形成的礼教，又何得归罪孔子？——孔子是理性主义者反对教条主义……

要知道把社会风教文化的前进或衰退看成是某些个人的功罪，便落于唯心论。任何个人都出自社会，一切创造皆在因袭上成其功。周公孔子亦不过中国文化史上可指名的关键性人物；他们的创造活动远不及他们所因袭凭藉的环境基础条件之广大深远。从而论功也罢，论罪也罢，都不必专重在他们身上，何况几千年后的事情自有广大社会群众的推演活动在呢！

此后，梁漱溟虽对孔孟之过也有评价，指出其"理性主义提出得早了些，便难落实"，又指出"孔孟的过误，就误在倡王道，讲仁政，要行其由上而下的改良主义，阻碍了革命。"等等，但不过为蜻蜓点水。整体来说，在举世都在批判孔孟之道的时候，梁漱溟是在为孔孟唱赞歌。在长文的末尾，梁漱溟还以"预言者"的方式，表明自己对孔子的态度，认为孔子思想在未来仍将有很高的价值。

"批林批孔"运动中的层层波澜

梁漱溟在"批林批孔"运动中体现出的人格魅力，是最受世人关注与赞誉的。不少人就此写过文章，其中有些文章因所用资料为二手资料，再加上所看到的并不全面，这样写出来就容易在某些事情的描述上失真。下面，我还是打算大量引用梁漱溟先生本人的发言来说明当时的情况。读者可以在几次发言的互相对比与补充中了解到当时的真实情况，我也会根据梁漱溟先生当时的书信及当事人的回忆做些解释说明。

还需读者朋友们注意的是，由于当时情况复杂，所以梁漱溟发言中提到的几位当事人（有的文章中因怕犯忌或者根本不知而从未提及真名，在这里则都以其真实名字出现），虽未必与梁漱溟意见不同而没有什么表态，有的甚至反对进而责骂梁漱溟，有的则被当时的梁漱溟所鄙薄，但我们却不能因此就非议或完全否定了这些人。要想真正了解他们，还应多看看他们一生的真实事迹再做评价，切不可因特殊环境下的几句话就对一个人的人品下定论。如果那样，则容易犯浅薄与轻信的错误。

1974年2月4日，梁漱溟在"批林批孔"学习小组上有一次发言，表明自己态度的同时，回顾了此前的事情经过：

在当前批孔运动中，我所有的发言和表示，从过去到现在，分层次叙说如下：

（1）去年11月16日学习会上有同志点名要我说话。我说：此时我没有好多话可说。这里是政协学习会，'政'是政治，要顾到政治上的需要。'协'是协调、协和。因我们这些人来自四面八方，原非单纯的一回事，所以需要协调和协和。怎样求得协和呢？那就是求同存异，求大同存小异。毛主席说过：如有不同意见，允许保留。我有不同意见，我愿意保留。我在这里放言高论，是不合适的。

（2）12月19日我以写好的《书面答王克俊同志》一纸，交给王同志，这是因为本组三位召集人在参加领导小组会上，曾将上面的发言提出来说过。虽然所说和我原意差不多，究不如我自己用书面写出来简单明确，所以特写就此纸，希望交领导小组阅看。在此纸上我却多说一句话：如其领导方面想知道我的不同意见内容的话，我可以写出来，请领导看。

（3）12月21日赵朴初先生在学习会宣称，在领导小组开会时已将我所写一切交去了。领导小组表示，我写不写我的意见全听我自由。这样，我原可以不写了。

（4）74年1月12日我发一请假信给王克俊，王公适有病，将我信转给于老树德。这是因我自己想，把不同意写出来的好。用马克思主义的观点和方法来讨论这个问题将是一种很好的学习。看书是学习，发言讨论是学习。但空讲不如实用，是更好的学习，因此请假在家写稿。

在此请假信中，我写明，我用的标题是《今天我们应当如何评价孔子》，并说写出之后仍不公开，但可以给王公看，请其指正。——因王公曾面嘱我写出为好之故。

（5）现在正写出来三分之一，约一万字。内容这里不谈。但从文章标题上，也可以看出内容大概意思。标题明白规定"今天我们应当如何……"，那就是站在社会主义新中国的中国人立场，从建国二十多年的今天来说话之意。说"……应当如何评价孔子"，那就是回顾过去历史文化上孔子起了什么作用，什么影响，是大是小，是好是坏，要加以评量。既然说评价就是一分为二，绝对否定，绝对肯定都是不对的。——这是毛主席说的话。孔子本人早已过去不在了，他不会说话，他不会申诉。如何评量，大权在我们手中。而在我写此文时，文中一切就是我的判断。我下判断，我要负责，应当多加考虑，不要考虑的不够，考虑的太少。如果轻率从事，抬高了他或贬低了他，于他无所增损，只是自己的荒唐失败。那是我自己不允许我自己的。再则，我于批林必须批孔还不大明白，不晓得我所写的此文，是否有当于当前运动，不敢轻率出手，公之于世。假若领导上看了认为无碍，可以供群众批评或参考，由领导上付印发表，我没有什么不同意的。——现在尚待续写后大半，尚谈不到此。（完）

附加——

74年1月28日因我说话中有"我尊重领导，同时亦尊重我自己"一句话，宋委员问我：何谓尊重自己？我答：就是尊重自己人格。于老树德又问及，人格何所指？我答："表里如一，光明磊落，就是有人格。反之，口是心非，就无人格。"

（此条原发言底稿未列入，临时因宋公提出来，故尔附加。）

这里的宋委员,即为宋希濂。宋希濂原为国民党著名将领,时为全国政协委员。梁、宋二人的交锋并未在 1 月 28 日就告结束,所以就有了梁漱溟在 2 月 22 日致学习小组组长王芸生、于树德等人的抗议信:

王、于、王三位先生:

我抗议宋希濂昨天对我厉声的、粗野的辱骂,假如负有维持会上秩序之责的三位先生没有适当的表示,我将拒绝出席这个小组的学习,特此声明。

梁漱溟
2 月 22 日

在梁漱溟于 1 月 14 日寄给田慕周的信中,还表现了他此时对生命现象的研究及对另一位重要人物冯友兰批孔文章的态度,内容为:

请注意上面我之所写的,应照补进去。艮庸亦不晓佛学,他不能代我校对抄件。冯芝生是我在北大任教时的学生,他毕业试卷是我评分数的。此人已见衰象——一个月前曾见面——不中用了。他批孔文章根本要不得,不值得一看(其文两篇我手中倒有之,不拟奉寄)。

漱溟手答
1974 年 1 月 14 日灯下

《梁漱溟书信集》中对此注解：此件是著者对田慕周先生来信的批复，时田先生正代抄《人心与人生》。"照补"云云，指（第十六章第三节第一段）的如下修改："说世间，主要在说人世间；然人固离开其他众生不得，说识见即统宇宙生命现象而言之耳。生物既不能离开无生物而有其生，则世间又实浑括生物无生物为一体而言之也。"又，来信问："芝老有批孔文章……发表，可曾寓目？"芝老即冯友兰先生。

梁漱溟当时的判断，当然认定冯友兰的文章非其内心所真实感想，不值一看。

1974年3月8日，梁漱溟在另一次的发言中回顾了此前自己在"批林批孔"运动中的表现，称：

上一次（2月26日）杨公庶同志说，你要评价孔子，看你站在什么立场上来评价。立场不对头，那个评价就不对，就要不得。这话很好。可惜他不注意，或者忘记了我说过的话。我的立场早就说明白了。"评价"二字是我写文章的题目中的两个字。题目是《今天我们应当如何评价孔子》。题目的涵义，在上月4日我历述过去我所有发言和表示之时，我曾仔细讲过了。我说：从标题上就规定了文章内容的写法。标题点明《今天我们……》，就是说的是今天社会主义新中国的中国人，是要从今天的我们而回顾过去历史的；说《……应当如何评价》，这"应当"二字不能轻忽看过，它就是站在今天中国人立场来说话，那评价应当怎么样作的意思。4日发言后，我曾清抄一份交付了汪东林同志，现在要查看，还可以查。难道这立场还不分明吗？在从头说起，去年11月16日程思远同志点名要我发言，我头一次表示我的态度，也早就表明了我的立场。我开口说，这里是政协学习会，'政'是政治，要顾到政治上的需要。'协'是协商、协调。如何可以协调呢？那就是求大同存小异。作为政协委员的我们一定要顾到当前国家大局的需要，这不正是从政协内一个人的立场出发吗？所谓大同的同，就同在此，——同在立场上。立场是同的，我心里还有些意见不全同。同中有异，所同者大，所异者小，同是基本的。我请保留我不同的意见。在这里我若放言高论是不合适的。这是当天的话，可以复查。不料想从那时以来，三个多月搞来搞去，最近两天（22日和25日）我竟狂妄大胆地放言高论起来，搞了五个小时之多。我原说文章写出后亦不公开拿出来；"仍不公开"的话，不知说了多少次，就是怕公开出来不合适。第一怕文章内容上学术的分析研究，远离了当前政治运动，文不切题。而我作评价，却必要恰如其分，不高不低，学术上的分析研究是在所必有的。第二更怕它不止离远了当前政治运动，而且有碍于当前的政治运动，那不是更不好了吗？没料想，不拿出来的东西，竟然把其中有关奴隶制社会问题的一部分拿出来了。中国曾存在过奴隶制，几乎成了批孔的前提的今天，我却提出来说原来未必有奴隶制，这不是大大有碍吗？不应该拿出来的，把它拿出来了。自己违背了初心，忘记了自己的政治任务。这错误不怪自己怪谁？又犯了老毛病，个人英雄主义，好胜逞强。错误是我的错误，罪过是我的罪过，一切我应担当，给我贴了大字报，自是应有之义。会上同人驳斥我，责斥我，这是理所当然。这种驳斥责斥，与其少不如多；与其轻不如重。如果平淡轻松，不带劲，那倒不好。宋希濂委员说，不要再称他什么"梁老"、"梁先生"……；快人快语，痛快人说痛快话。有声有色，会上的气氛才像个样儿。所以上次临散会时，他话没有讲完，于老说下次再讲。我就站起来说："下次再讲吧！"我心里此时没有我，只有共同的政治立场。可惜我不能经常这样无我——如果我那样高明，也就不会有今天的错误了。我的话完了。

可以想到，梁漱溟这样的发言肯定是不会被通过的，所以还有以后更加频繁的批判和斗争。于是，便有了梁漱溟在1974年3月11日所做的"我的声明"：

现在我有必要作如下的声明：

上月22日和25日两天我作了五个小时的连续有组织的发言，其内容主要是谈中国社会发展史问题。在这个问题上我表明了两点意见。头一点是根据恩格斯《家庭、私有制和国家的起源》一书，以古希腊、罗马的奴隶制社会（这是典型的奴隶制社会），对照来看古中国社会，那么，古中国社会就不像奴隶制社会。同时根据恩格斯《反杜林论》，社会经济发展必以劳心劳力之分工开端，从而就分化出阶级来，古中国人恰好就是曾经从这一分工原理来说明阶级的产生和看待阶级的存在的。再一点是根据马克思关于不列颠统治印度的两篇论文以及马克思在《政治经济

文化人的"死"与"生"

学批判的序言》和《导言》两文，指出印度和中国，正是马克思在古代奴隶制社会生产方式、中世纪封建制生产方式以及现代资本主义生产方式之外特为提出的亚洲社会生产方式，那个特例或畸形的社会发展。它也是人类童年时代的早熟者（以别于希腊之为正常者）。以上两点意见皆属于纯学术性的分析研究，既远离了当前批林批孔的政治运动，又且有碍于当前群众的批孔，原是我去年11月16日所要自己保留的意见，却不料想忘其所以地说出来。其错误是严重的。本组同人对我的一切批判和斗争都是理所当然，我不应再申说什么。再说话，便是错上加错。我只有静听就是了。特此声明，请原谅！

在这里，梁漱溟虽然承认"错误"，而其实际上仍是抱定原则，所以，即便他"只有静听"，批判还是继续持续着，形成了一定范围内的"批林批孔批梁"现象。而这种愈来愈烈的批判却不能使梁漱溟屈服，相反，在某种程度上更加激发了他作为有血性和良知的知识分子的独立精神，乃至最终引发出他的那句著名的话。

且看他在1974年11月18日所写《批孔运动以来我在学习会上的发言及其经过的事情述略》的文字：

> 据传批孔出于毛主席亲自发动领导，不容抗拒；1974年2月前后，一时社会上空气浓烈，形势严重，而此时我乃骄矜自喜，言动不知谨慎，以致引起不小波澜。
>
> 先是1973年12月14日在学习会上我曾表示对于时

下流行的批孔意见不能同意，但我不愿公开表示，妨碍当前运动。假如统战部领导方面想知道我的不同意见是什么，我可以写出评价孔子一文，送请阅看。19日复以此意见书面表示交给本组召集人转领导学习小组。21日召集人之一赵朴初传达领导方面的回答说，写不写评价孔子一文听我自由；但我自己却决意去写出来。于是1974年1月着笔写《今天我们应当如何评价孔子》一文，对外不公开，以免有碍当前政治运动。

此文初草不免意气用事，写出七页且嘱人复写之，为公开发表之用，后皆作废。然于中国古代非所谓奴隶制社会则见之较明切。虽家人儿辈及亲友诸关心我者，皆虑我发言贾祸，我一切不顾。在学习会上流露了奴隶之说未足信，然时论之批孔者皆从孔子卫护奴隶制这一点出发，否认奴隶制即使时论失据。会中有人向我挑战，质问我何所见而云然。意气方盛的我，遂有2月22日及25日连续五小时之长篇发言，倾吐中国社会的历史发展特殊之说。于是群情爆炸，说我是猖狂向党进攻，张出大字报多纸于壁间。我憬然有悟自不该说出有碍当前运动的话，违背了原要保留不公开之初心。

约有五小时之长篇发言，后来经过整理撰写《试论中国社会的历史发展属于马克思所谓亚洲社会生产方式》一文，这里从省不录。

我既自悟发言不当，即向众承认错误，凡同人对我的批判斗争，我皆在座上静听，决不缺席；这是我的政治任务。同人对我批判斗争的话尽多不能接受，难于一一置答，只好随各位先生去说好了。我在座静听以资反省；过此以往非我所知（意即不能随从批孔）。

上述皆1974年2月尾之事。从3月而4月、5月、6月、7月大抵均在学习批孔，实际上莫非对我的批判斗争，此不备述。先则每周四次会，后减为三次。8月份因天气热起来又减为一次。在此时期，本小组而外，各学习小组均对我进行批判。预先宣布9月将召开五个小组联席批林批孔大会。此会于9月19日、20日、21日三天连续开会，先后发言者十四人，均从批林批孔入手而集中批判我。主持此会者皆各组召集人，结束时未征问我的意见，而宣布月内各组可再就此次大会的发言自行座谈两次。在本组23日会上，召集人曾征问我对大会有何感想，我答云："三军可夺帅也，匹夫不可夺志。"

1974年梁漱溟致王星贤书信

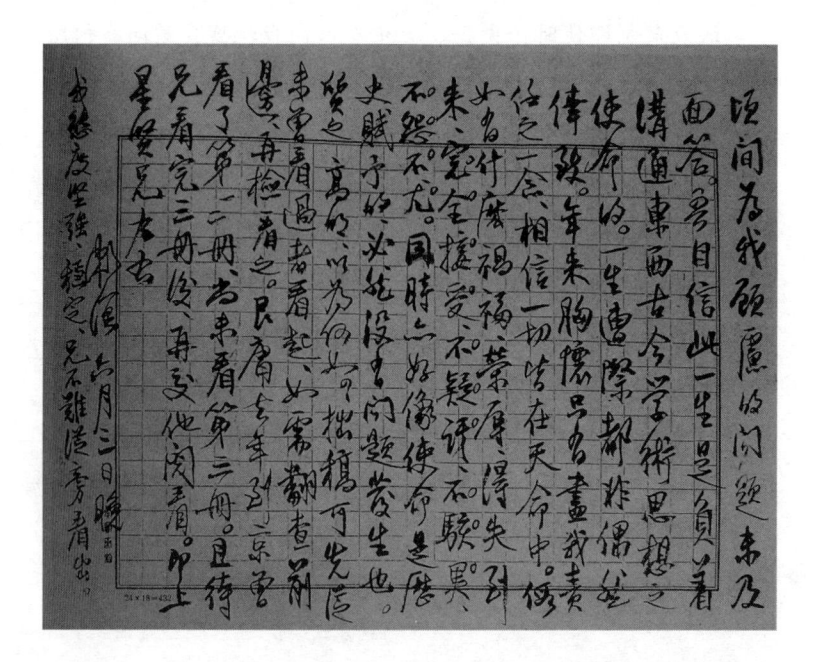

对梁漱溟言行的进一步分析

我一直在思考着，为什么梁漱溟在那样的形势下仍能有那样的血性？他的底气和胆识来源于哪儿？茫茫人海，为什么在无数人或狂乱或盲目或迷茫或屈服的时候，梁漱溟却能以其浩然之气独立于众山之巅，令人仰望？他的人格魅力究竟从何而来？

这显然不能从一个单一的角度做出解释。

梁漱溟在1974年所写的《敬答一切爱护我的朋友，我将这样地参加批孔运动》中透露出重要的信息。他说：

> 从批孔运动发动以来，好多朋友因我自称保留不同意见，而没有积极参加，为我担心，怕我犯重大错误，忠言劝勉，十分可感。今写此文，敬答厚爱。先从我没有参加运动说起，然后再说我将怎样地参加。
>
> 我个性很强，遇到问题要独立思考，以自觉自愿行之，所以初时没有随群众参加运动。个性很强，既有其生来的一面，亦有其后天环境条件造成的一面。父母钟爱幼子，我自幼行动任性。突出的例子，如我十六七岁就想出家学佛，一直不放弃此念，直到二十九岁。此一动念不是受了什么人指教，而是自己思想上认为人生只有苦恼，只有麻烦，不值得生活。虽违亲长之意而不肯改。自己寻求佛典来看，暗中摸索，看不懂，亦要看。又如清末读中学时，便参加当时的宪政运动，又转而参加辛亥革命。父亲虽教

我维新爱国、救国，但于革命则不同意，然而他已无可奈何了。因父亲主张维新，所以没有叫我念四书五经。既没有受旧式传统教育，而清末新兴的学校教育，我所受到的亦很浅，仅到中学而止。因此我没有被动地灌输许多书本知识，给我头脑加重负担，而容我头脑自由活动，发挥它的活力。这是一生最幸运的事。八十年来我一生行事，总是自己主动，不是被动。一生中许多事情是独自创发，不是步人后尘。例如我搞乡村建设运动十年，虽赖许多朋友合作，渐渐得各方广泛响应，而风气总是我开的。又如民主联盟组织的出现，固然没有各方面赞助不会有成，但从开头发起，以至后来成立宣言和十大纲领，都是由我执笔。特别是抗日战争中，我取得蒋方军委会和延安两方同意，带领几个朋友，去华北华东游击区域视察，鼓舞抗日，共走了六个省份，八个月之久。不是有"一不怕苦，二不怕死"的话吗？我若怕苦怕死，是不会去那个艰苦危险地带的。总之，我的一生，是主动的一生。1950年"五一"节，在天安门城楼上我看见当时无党派人士联名向毛主席献旗，旗上写着"我们永远跟着你走！"我那时心里想：从我口里是说不出这话来的。

　　正为我从来个性如此，所以批孔运动起来，我不理解，我不同意，但我想这是一政治运动，必然有其必要，我尊重领导，绝不能做妨碍的事。我不说话好了。同意的话在我口里说不出来。以上就是说明我所以没有参加批孔运动。

　　上述文字可以归纳为："我个性很强，遇到问题要独立思考，以自觉自愿行之，非如此则绝不盲目跟从。"这可以看作梁漱溟人格魅力的第一层次的解释。他的天性与他个人的经历决定了他绝不会随波逐流，他只做自己认定的事。这个性格与他的父亲梁济非常一致。梁济是为了自己的信念而投湖自尽的，梁漱溟则进一步秉承了父亲独立之意志，并在不断解决人生问题及国家问题的道路上愈加坚定。

梁漱溟还在此文的后半部分明确表明自己将如何参加批孔运动，称：

以下说明现在我将怎样地参加批孔运动。

由于好多朋友劝勉的殷切和细细想《红旗》二期短评中"这不是个学术问题而是个政治问题"的指点，我决定在原计划写《今天我们应当如何评价孔子》一文之作，另写一文来参加批孔运动。前后两文写法不同。其不同如下：

前篇是站在今天立场评价孔子，一分为二，亦涵有批判在内；后一篇则从当前政治上的需要，专批儒书流传在过去二千多年历史上起的不良影响，特别是在当前社会主义革命和社会主义建设上有碍作用；说话偏于一面。

前一篇为了评价孔子，就要谈到孔子当时的阶级立场问题，从而不能不涉及当时究竟是个什么社会。而这个社会发展史问题正是聚讼已久的，文中虽不能多谈，但自己有意见不能不说。因此前篇提出奴隶制社会在中国大有疑问的意见。但孔子当时是处在阶级社会是没有疑问的。是否封建社会呢？它也不同于欧洲日本的封建社会。像这样地涉及学术的研究分析，后一篇完全避开不谈。——这是前后两篇写法不同的一例。

后篇是以批判儒书中常见的许多言词为主。那些语言教训每每妨碍或缓和阶级斗争，在过去既不利于中国社会进步，在今天更为有碍，必须扫除。像所谓"中庸之道"，一般均理解为折衷主义，不斗争而调和，即其一例。然而细审原书"天下国家可均也，爵禄可辞也，白刃可蹈也，中庸不可能也"，和"极高明而道中庸"的话，见得中庸不是浮浅的事，不是折衷调和的意思。听说陈伯达曾用辩证观点或辩证法来解释中庸，完全是附会胡说。毛主席1965年12月12日有反对折衷主义一文，指出貌似辩证法的折衷主义有五个特征，都是要不得的。究竟当初儒家说的中庸何所指，我们不必管它；但细究起来，便进入学术研究去了，不属后篇的事。——如此之类，就是后篇不同于前篇之处。

这些文字进一步表明了梁漱溟的两种态度：第一，作为学者，进行学术研究就必须客观认真，绝不能以一时的需要而随意改变对史实的看法和态度；第二，作为勇于承担政治责任的知识分子，可以从国家大局的角度，专门研究对时势

1975年梁漱溟致香港友人书

有益的学问，这种研究可以有所侧重，但仍不能故意歪曲史实。这可以看作构成梁漱溟人格魅力的第二层次的解释，即作为一个学者做学问所应具有的最基本的态度——实事求是，客观认真。

此文末尾还有一段梁漱溟对中庸之道的看法：

> 顺便附带说，在前篇亦没有谈这个中庸问题。因我自己还不够谈这个问题。它所指的具体事实，是人生生活上的具体事实，不是抽象的思想，不是哲学。哲学，只是古希腊人好讲的，在古中国古印度原都没有哲学。印度哲学只是印度宗教生活的副产物。其意原不在讲哲学。中国古儒家亦不想讲哲学，而是在指点人生实践。所谓中国儒家哲学只是其道德生活的副产物。我对于儒家或佛家都还是门外汉。我只在门口向里面望一望，望见里面很深远广大，内容很丰富，却没有走进门去。就是说，我缺乏实践。我如果有实践功夫，有较深厚的涵养，那表现出来的将早不像现在这样了。我是个凡夫俗子，一个平常人，对于那"极高明而道中庸"的"中庸"，是远远不够谈它的。因此在前一篇内亦没有谈。

梁漱溟对中国儒家那个"极高明而道中庸"的"中庸"是极其崇敬而向往的。本着这个态度，联系梁漱溟一生对孔学的研究，可以看出，梁漱溟深厚的儒学功底是其人格魅力形成的内功所在，而他对儒学不断深入的认识和探讨，这种从内在的修养上不断升华的过程，就是使其人格魅力不断富有色彩的过程。他承认自己有些方面不足，例如对"中庸"（此"中庸"

非平常人所说的做老好人等含义，而是与"中和"之气一脉相连，此笔者之认识）的认识。这种实事求是的自省正是孔子对学问与人生的根本态度"知之为知之，不知为不知"。梁漱溟具有透明的人格，将学问与实践紧密联系起来，从而形成自己内外合一的修养。他生命的最后阶段，对孔学做了概括，称："儒家孔门之学，反躬修己之学也。"他一直都认定：孔子的学问就是孔子的生活，而他本人的一生也是这样度过的。可以这样评价："梁漱溟的学问或有时而可商，而其人格之魅力、独立之精神虽历千万世仍可大放光芒。"这一点，梁漱溟如此，王国维如此，陈寅恪如此，一切最优秀的知识分子都应如此。

梁漱溟之所以可以"三军可夺帅，匹夫不可夺志"，并在狂风骇浪中气定神闲。这种态度似乎还来源于他的"天命"观。他在思想的深处认定自己是负有重大历史使命之人，所以曾有"我若死，天地将为之失色"的狂语，而且在战争年代也根本不惧弹炮的危险。这与孔子的行为也是非常一致的。他们都从骨子里认定自己的命不是随便什么事情什么人就可以夺去的，而只有自己的历史使命完成后才可以离开人世，有了这样深层的自信，就如同大海中有了定海神针，外界如何变动，他其实是处在自然而有为的状态，根本不会因外界的风雨而有所动摇。那么，"天命"之说是否有迷信的倾向？字面上似乎如此，实则不然，这其实是他们对自己人格的自信，对真理之追求有一种大无畏的精神。既然将真理看得比生死都大，那么死就不是一件重要的事了。这样的人相比于一般人来说，承担更大的历史使命，自然是情理之中意料之内的事，他们总是代表着国家的长远利益乃至于人类的优秀品质，称其为"承天命"又有何不妥？同时，既有如此的底气，那么，具有莫大的勇气和胆量也就自然而然了。

许多人称梁漱溟为"最后的大儒",其实,梁漱溟与佛学的渊源要更早一些,对佛学的研究与体悟,早深入其生活与思想,从而具有深厚的功力。批孔运动中,正承受极大压力的梁漱溟在日记中为自己写下了这样的座右铭:

时刻自警:

空　一切法毕竟空。心净如虚空,永离一切有。照见五蕴皆空,何从有我。

假　于无我中幻有今我,从众缘生。

中　以如此菲材,值如此运会,不可免地有其艰难险阻,战战兢兢如临深渊,如履薄冰,要当目不旁视,心不旁用,好好负起历史使命而行。

梁漱溟自警书

这些话,可为本文做一注脚。

对于他在"批林批孔"运动中的言行,李任夫先生评价道:"回忆在批林批孔阶段,也充分表示他坚持真理和威武不能屈的风格。众所周知,他批评林彪是小人,是无人格的野心家了。这不足为奇,因为此时林彪已死。但当他大张旗鼓来表扬在苦难中的刘少奇与彭德怀,那就不是一般望风转舵的人所能做到的了。他是明辨是非有正义感的人,他的铁骨铮铮,浩然正气,确是体现了中国知识分子的优良传统。因此在受围攻批斗到最后关头时,他毅然说出'三军可夺帅,匹夫不可夺志'那种正气磅礴的话来。可见他在真理面前,是决不让步的。……记得庄子《逍遥游》中有几句话是:'举世而誉之而不知沮',今天我们借用这几句话来评价梁漱溟先生的人格与风度,我认为也是恰如其分的。"

1988年7月8日,由新华社所发,刊登在《人民日报》上的《三军可夺帅 匹夫不可夺志——梁漱溟走完百年人生旅程》一文,总结并高度评价了梁漱溟先生的一生。在提到"批林批孔运动中的梁漱溟"时这样评价:

> 1974年在"批林批孔"运动中,梁先生反对以非历史的观点评价孔子,反对把批判孔子与批判林彪相并提,并为刘少奇、彭德怀同志辩护。当受到围攻时,他傲然宣称:"三军可夺帅,匹夫不可夺志。"在"四人帮"猖獗一时,万马齐喑的境况下,梁先生不顾个人身处逆境,仗义执言,表现了一位爱国知识分子敢于坚持真理的高尚品格。

主要参考资料

梁漱溟:《梁漱溟全集》第七卷,山东人民出版社,2005年。
梁漱溟:《梁漱溟全集》第八卷,山东人民出版社,2005年。
梁漱溟:《我生有涯愿无尽:梁漱溟自述文录》,中国人民大学出版社,2004年。
梁漱溟:《这个世界会好吗》,东方出版中心,2006年。

梁漱溟：《梁漱溟书信集》，中国文史出版社，1996年。

梁培宽编：《梁漱溟先生纪念文集》，中国工人出版社，2003年。

李渊庭 阎秉华 整理：《梁漱溟先生讲孔孟》，上海三联书店，2008年。

李渊庭 阎秉华：《梁漱溟》，群言出版社，2009年。

汪东林：《1949年后的梁漱溟》，当代中国出版社，2007年。

金春明：《中华人民共和国简史》，中共党史出版社，2004年。

中共中央文献研究室编：《毛泽东传（1949—1976）》，中央文献出版社，2003年。

毛泽东：《毛泽东选集·第五卷》，人民出版社，1977年。

北京大学哲学系七二级工农兵学员：《孔孟之道名词简释》，人民出版社，1974年。

中共晋东南地委通讯组编印：《批林批孔资料》，1974年。

徐志刚译注：《论语通译》，人民文学出版社，1997年。

费孝通（1910—2005）

费孝通："人可以通过社会而不死"

我不由地想起费孝通生前说过这样的话："那么我能为下一代做些什么呢？我可以让他们知道，在我这一代，我们的自我认识、自觉性达到了什么水平。我将通过我的头脑留下一些东西给后来的人们。那就是文化。文化是寄寓在个人的头脑里的。个人的头脑会死亡，但是通过社会，个人头脑里的东西会积累起来，成为公共的财富。每一个人必须有助于文化的绵续和增积。因此人可以通过社会而不死的。"诚哉斯言！

文化人的"死"与"生"

2010年，在费孝通逝世5周年的时候，我仍然不时看到他的书籍，并能感受到他的深远影响力。

在上海世博论坛上，我又一次听到国际知名学者——哈佛大学杜维明教授郑重地引用费孝通的名言"各美其美，美人之美，美美与共，天下大同"，认为上海世博会正是这四句话的生动体现，并在阐释这四句话的同时，认为"各国的精彩亮相，为在全球化背景下的多元文化对话提供了条件。这种对话是通向人类和平相处的必经之路"。这些话深入我心。

在我对比先贤对整个人类未来的思考之后，我认为，费孝通的思考要高于"三十年河东三十年河西"的论断，这是人类未来能够和谐发展的最好方式，具有无限的生命力。这也使我不由地想起费孝通生前说过这样的话："那么我能为下一代做些什么呢？我可以让他们知道，在我这一代，我们的自我认识、自觉性达到了什么水平。我将通过我的头脑留下一些东西给后来的人们。那就是文化。文化是寄寓在个人的头脑里的。个人的头脑会死亡，但是通过社会，个人头脑里的东西会积累起来，成为公共的财富。每一个人必须有助于文化的绵续和增积。因此人可以通过社会而不死的。"诚哉斯言！

费孝通，1910年生于江苏吴江，著名社会学家、人类学家、民族学家、社会活动家，中国社会学和人类学的奠基人之一。

按照费孝通的说法，在他的肉体没有真正消亡之前，他其实应该已死过三次了。

"第一次我应该死在瑶山，那次极少有机会活着出来，碰巧有人发现了我，背我离开绝境。我应该死而未死。"费孝通这样对美国学者巴博特说。那是在1935年8月，25岁的费孝通获取清华大学研究院社会学人类学硕士学位后，与王同惠结婚，然后一起赴广西瑶山做特种民族实地研究。12月16日，在艰难的费孝通："人可以通过社会而不死"

行程中，因向导失引，费孝通误坠捕虎陷阱，身负重伤。王同惠在求救途中失足溺水而亡。

　　费孝通继续说："第二次在昆明，国民党打算杀害我，想不到有位朋友来把我从特务的枪口救了出来。有人要我死而我没有死。"那是在1945年11月25日晚，已加入中国民主同盟的西南联大教授费孝通参加一场六千余人与会的"反内战讲演"。当演讲轮到费孝通时，枪声响了。费孝通没有退缩，反而更加勇敢地喊："不但在黑暗中我们要呼吁和平，在枪声中我们还要呼吁和平。我们要用正义的呼声压倒枪声！"他成为黑名单上的人。1946年，在闻一多被暗杀后，费孝通成为特务们下一个目标。在极其危险的情况下，费孝通最终在美国领事及其他人的帮助下保住了性命。

讲话中的费孝通

　　第三次是在"文革"中。费孝通回顾："'文化大革命'期间我不认为我应再活下去。我考虑过自杀但没有去做。"从1957年被打成"右派"一直到"文革"末期的1976年，费孝通处于非正常状态，遭受了无数的屈辱，并亲眼看着老师潘光旦因受迫害而死在他的怀里。对这段历史，费孝通的看法是："对我没有多少正面的东西，主要是损害。我失去了一生中最可宝贵的二十年，四十七岁到六十七岁。然而，这段经历的确使我逐渐更好地了解人，逐渐了解真正的人。""我们相信中国最后会回到正确路线上来，而我确是活着看到这场大风大浪的结束。我

文化人的"死"与"生"

费孝通、屈武、费彝民、萨空了（自左至右）合影

的许多朋友没有看到这些变化就去世了。中国仍有困难，但我真正相信我们会走上正确的道路的，尽管一路上不可避免的会有不少干扰。"

这便是费孝通的坎坷历程。他在"文革"后迅速地恢复了状态，更加珍惜时间，生龙活虎地投入到事业当中。在从事学术活动的同时，他也成为政治家，担任过全国人民代表大会常务委员会副委员长、全国政协副主席等重要职位……但在众多的光芒面前，他有自己的定位，认为自己"老来依然一书生"。

他最看重的职务是教授。

他的工作态度是："知行合一"，"行行重行行"，"出主意、想办法、做好事、做实事"。

他的座右铭是："脚踏实地，志在富民。"

为了"富民"这一心怀天下的追求，费孝通的学问始终与深度的社会调查紧密相连，他的著作《江村经济》、《生育制度》、

《乡土中国》《行行重行行——乡镇发展论述》等等，无不建立在丰厚的田野调查之上。即便他成为国际第一流的学者，即便他成为国家领导人，他都是"身先士卒"地行动在全国各地的老百姓中间，用学者的眼光观察和思考，得出具有前瞻性与建设性的见解。他提出的"边区开发"、"多元一体"、"文化自觉"等理论已被或多或少地运用于国家建设当中，发挥了无可比拟的作用，这些理论同样长期地影响着国内外理论界。

他的一生走遍大江南北，直到2003年93岁的时候，他仍然工作在第一线，先后在北京、南京、上海、大庆、哈尔滨、太原、兰州、广州、东莞、深圳等地参加社会活动，进行实地考察。同年12月28日，费孝通住进北京医院，此后一直治疗，到2005年4月24日长辞人世。这一辞世，只能代表费孝通肉体的消失，而他的智慧和精神则永恒地留在人间。

《费孝通人物随笔》书影

主要参考资料

费孝通：《费孝通人物随笔》，群言出版社，2000年。
方李莉：《费孝通晚年思想录》，岳麓书社，2005年。
〔美〕巴博德：《经历·见解·反思——费孝通教授答客问》，出自《中央盟讯》1988年7月增刊。
徐平等：《费孝通评传》，民族出版社，2009年。

马寅初（1882—1982）

马寅初自焚《农书》经过

粉碎"四人帮"后,主持平反冤假错案工作的中央组织部长胡耀邦认真审阅有关马寅初的材料后,激动地说:"我们再也不要犯这样的错误了。共产党应该起誓:再也不准整科学家和知识分子了!"

文化人的"死"与"生"

马寅初具有无私无畏、百折不挠的风骨和气度。当举国均在批判他的《新人口论》时,他却毫不动摇地捍卫着真理。在一而再再而三的猛烈冲击下,马寅初从未低下头颅,决不屈从一时的政治压力。他一再声明:"人口问题,在中国是一个极大的问题,如果像现在这样不加控制,任其盲目发展下去,它必将给我们的国家和党带来很大的困难,造成完全被动的局面!这是直接关系到我们党和国家以及民族的前途命运的大事。我已研究并发现了解决这一问题的办法,我有责任说出来,并坚持到底。为此,我不怕孤立,不怕批斗,在这个问题上,我只考虑国家和真理,从不考虑自己;为了国家和真理,我不

马寅初在燕南园留影

怕冷水浇，不怕油锅炸，不怕撤职，坐牢，更不怕死……无论在什么情况下，我都要坚持我的人口理论。"后来的事实证明，马寅初是对的。

提起马寅初，人们不会不提《新人口论》。可是，有多少人知道，马寅初还著有一套花费他巨大心血的《农书》？整整100多万字，耗费数年光阴，凝聚着马老对中国农业问题的深情关注，更有着无数有价值的真知灼见。

然而，就这样一套巨著，还未面世便遭到了焚毁！而焚毁此书的不是别人，正是马寅初自己。

马寅初为什么要焚毁自己的呕心之作？

是什么促使马寅初做出这样的举动？

我们在为《农书》永远消失而痛心的同时，也当反思一下当时的情形。

到农村考察

1959年12月，北京大学校长、著名经济学家马寅初的处境更加恶劣了。自从他发表《重申我的请求》，进一步表明自己坚持《新人口论》的坚定立场后，康生等人对他的攻击又变本加厉了。学术批判早升级为政治斗争和人身攻击，一夜之间，上万张大字报出现在北大校园，甚至连马寅初住处都贴满了攻击他的大字报。"马寅初不投降，就叫他灭亡！"这样的口号轰响在北大校园，但他仍不妥协。1960年1月3日，马寅初终于被迫辞去北大校长职务，搬离燕南园，来到旧宅院——东总布胡同32号。

文化人的"死"与"生"

不久，马寅初又被免去全国人大常委的职务，不再能公开发表文章。马寅初从此在政治舞台和学术舞台上消失。

宅院内静悄悄的，没有人前来拜访，往日的朋友也不再敢来了。马寅初感到有些失望，但他经历过大风大浪，胸襟开阔、意志坚强，如此的逆境并不能击倒他。他理了理头绪，什么也没说，只是在日记中写道："大江东流去，永远不回头！往事如烟云，奋力写新书。"

早在20世纪50年代初，马寅初就为自己定下两个研究课题：一是人口论，一是中国农业经济研究。

马寅初的长子马本寅告诉笔者："父亲对农业非常关注，曾说：'中国有8亿农民，是农业大国，如果农村的生产、生

1960年1月，马寅初在东总布胡同寓所潜心研究农业和人口问题

活提高上去，中国也就提上去了。'他非常关心农村建设，在人大期间便经常到农村考察，人口论也是在农村考察时想到的。"如今，人口论的研究告一段落，他将全部心血扑到农业问题的研究上。

1961年春天，马寅初又过起紧张而有规律的生活，开始着手为《农书》的撰写做准备。

他首先将过去已经收集到的湖南、湖北、吉林、海南等地有关农业经济的材料整理出来，认真地翻看着，仔细地琢磨着。每有心得，他便拿起手边的毛笔，认真地写下来。他对农业问题一向关注，因此保存了许多古今中外关于农业的书籍，此时，这些书籍都成了他的宝贝，成为他不断翻阅的对象。他还通过以前的秘书王克宥，从北京大学、北京图书馆借来国内外有关中国农业发展的新资料，随时补充。

此时的马寅初，即使写出再好的书稿，都不会有发表的机会。但他已顾不了那么多了，他所想的全是如何建设社会主义农村的问题。他要以拳拳的爱国之心，严谨的治学态度，丰富的经济知识，全新的经济观点，写一部不亚于《齐民要术》《农政全书》的书籍。他要造福中国！

这一时期，由于三届人大会议还未召开，所以马寅初仍保留着二届全国人大代表的资格，还可以人大代表的名义到各地考察。于是，这位已经80岁的倔强的老人，为了《农书》，为了尽一个人民代表的责任，于1962年再一次风尘仆仆地前往浙江的农村调查。虽然此次视察与以往不同，他遭受了不少怠慢和冷落，但他依然认真地一丝不苟地工作着。他深知此次机会的难得，更加分分秒秒地利用着，尽可能多地了解农村的实际情况。

他回到了故乡嵊县。此次嵊县之行，马寅初带有非常明确

文化人的"死"与"生"

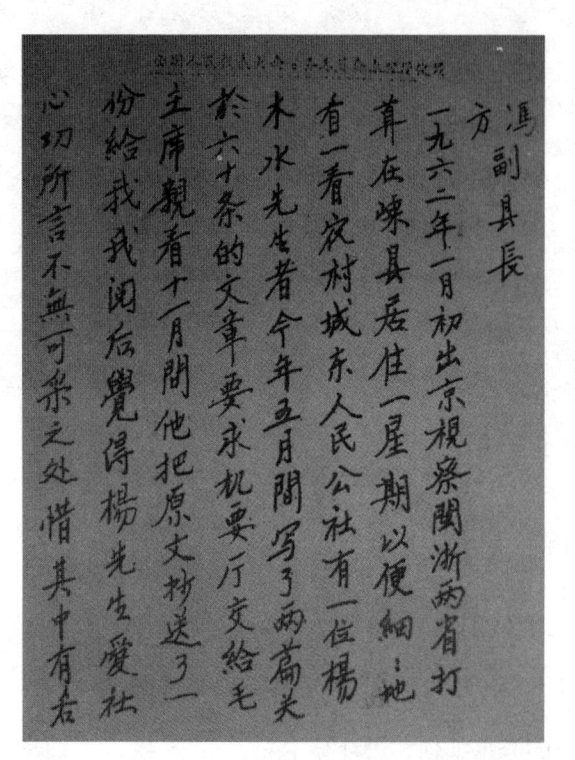

的目的。为了能有好的收获,离京前,马寅初特地给嵊县冯、方二位副县长写了一封信,内容如下:

冯、方二位副县长:

一九六二年一月初,出京视察闽浙两省。打算在嵊县居住一星期,以便细细地看一看农村。城东人民公社有一位杨木水先生者,今年五月间,写了两篇关于《六十条》的文章,要求机要厅交给毛主席亲看。十一月间,他把原文抄送了一份给我。我阅后觉得杨先生爱社心切,所言不无可采之处,惜其中有若干问题讲得不甚清楚,理由不甚充分,拟请其与我当面一谈,并请公社其他同志就他的文章发表些意见。请就预先通知杨先生早日准备。我认为这样的会谈不仅能使我更加了解农村的情况,亦可予我一个很好的学习机会。我想先请杨先生来谈,俾我完全了解他的意见,而后再请其他同志参加会谈。城东公社研究后,还要访问其他公社。此外,还要请求两位县长派一速记员帮忙。一切拜托。

顺致

敬礼,并候

起居

马寅初

一九六一年十二月二十五日

马寅初给嵊县冯农、方初副县长的信件

信中提到的杨木水，是嵊县城东区农技站一位蚕桑干部。在多年的农村工作中，他亲眼目睹"五风"所造成的农村衰败现象，认为只有推行包产到户，农民才可以摆脱贫穷。但在当时，包产到户已被批倒，杨木水深知自己人微言轻，要想推行包产到户，只有上书中央，由毛泽东主席亲自抓方可有效。于是，他冒着风险，写了一篇题为《恢复农村经济的顶好办法是包产到户》的文章，寄给中共中央办公厅，请他们转呈毛主席。然而，过了很长时间，信件如沉大海，没有一点回音。杨木水不甘心，他突然想到马寅初，说不定可以通过这位老乡，将自己的意见转呈毛主席。于是，他又给马寅初写信。不久，他收到马寅初的回信，说要跟他面谈。他非常高兴。

嵊县领导对马寅初的视察非常重视，但又怕马寅初给他们带来麻烦。经过细致研究，他们决定由县委办公室向马寅初汇报全县大好形势，并派一位副县长全程陪同马寅初视察。在马寅初见杨木水之前，县委农工部部长亲自出面找杨木水谈话，说服他千万不要乱说话，尤其不要提嵊县也曾包产到户。

马寅初与杨木水终于见面了。一开始，由于有旁人在场，杨木水显得有些拘谨。马寅初见状，特地请杨木水到自己住的房间单独谈话，这样，两人才有了深谈。

马寅初将杨木水写给他的那份资料拿了出来。杨木水一

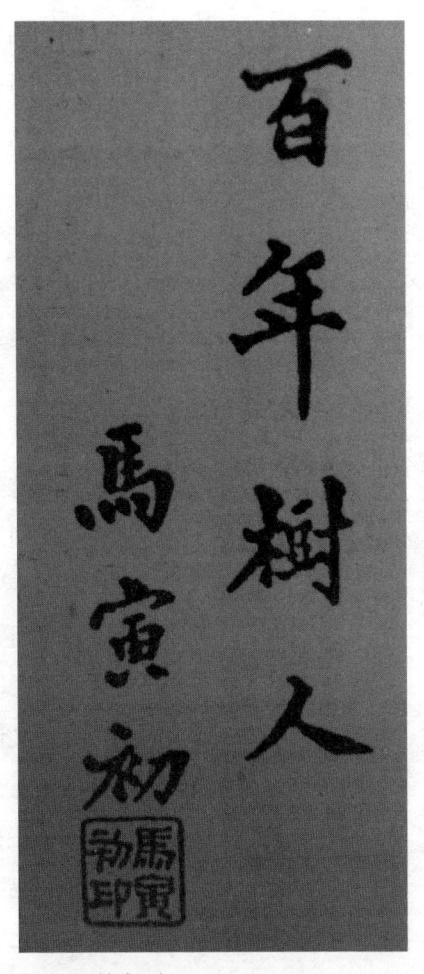

马寅初题词

文化人的"死"与"生"

看，只见上面圈圈杠杠做了许多批注，很显然，眼前这位德高望重的老人对他的材料相当重视。杨木水显得有点激动，兴奋地讲述起自己的观点，列举了包产到户的种种优越性。他认为，包产到户不会改变人民公社的性质，而是适应人民公社当前形势的一种生产管理方式；包产到户可以提高生产力，不仅能增加社会财富，而且能确保办好集体经济；可以采取"管理到队，包产到户，集体收获，统一分配"的具体措施……杨木水侃侃而谈着。

马寅初认真地听着，不时地提出一些问题。他问："杨先生，你在材料中讲到，很多干部、社员都想包产到户。那么，到底是主张包产到户的人多，还是反对的人多？各占多少比例？你能说清楚吗？"

杨木水沉思片刻，回答道："我认为多数人在心里是赞成包产到户的，但具体比例我说不出来。"

马寅初又说："你在材料中谈到调动人的生产积极性问题。我认为，人既是生产者，也是消费者。生产靠人，现在有部分人生产没有积极性，造成生产赶不上人民生活的需要。所以，要想方设法地调动人民的劳动积极性。这才是重要的。杨先生，你说对不对？"

杨木水连连点头。

马寅初又指出杨木水材料中的一些不足，他希望杨木水看问题时既要看本地的情况，也要了解全国的情况，应力求全面，避免偏激。杨木水心悦诚服。最后，马寅初紧紧地握着杨木水的手说："谢谢你呀。对的就是对的，正确的思想不要轻易放弃，真理是批不倒的。"

此后，马寅初又马不停蹄地视察了许多村庄，询问当地的产量，参加农民关于包产到户有无优越性的讨论……他还想多走点地方，但由于太劳累了，他突然患上肺炎，高烧持续不退，紧接着，病情加强，马寅初不得不离开故乡，前往浙江医院。一个月的治疗后，病情有所好转，马寅初返回北京，但从此以后，他几十年坚持洗冷水澡的习惯被迫中止。

马寅初东总布胡同寓所

第二年，马寅初的全国人大代表资格被撤销。

写一部绝世好书

来到东总布胡同 32 号，推开厚厚的大红门，便可以看见一幢中西合璧的二层小楼，楼门向东，门前种着一些花草。小楼的南面是一个院落，里面栽种着各种树木花草，有龙爪槐、白皮松、海棠树、榆树，还有马寅初喜欢的刺梅。刺梅就长在窗前，据马本寅回忆，就在马寅初逝世不久，刺梅也枯萎了。这也算是人与树的一种奇缘吧。

此时此刻，宅院里出奇地寂静，马寅初正在屋内奋笔疾书。

宽大的写字台上铺着一张张八开大的宣纸，上面满是工整的毛笔小楷。每写完一章，马寅初便把宣纸铺在地板上，等晾干后，他又认真地将宣纸按顺序粘接起来，卷成一个纸卷，注

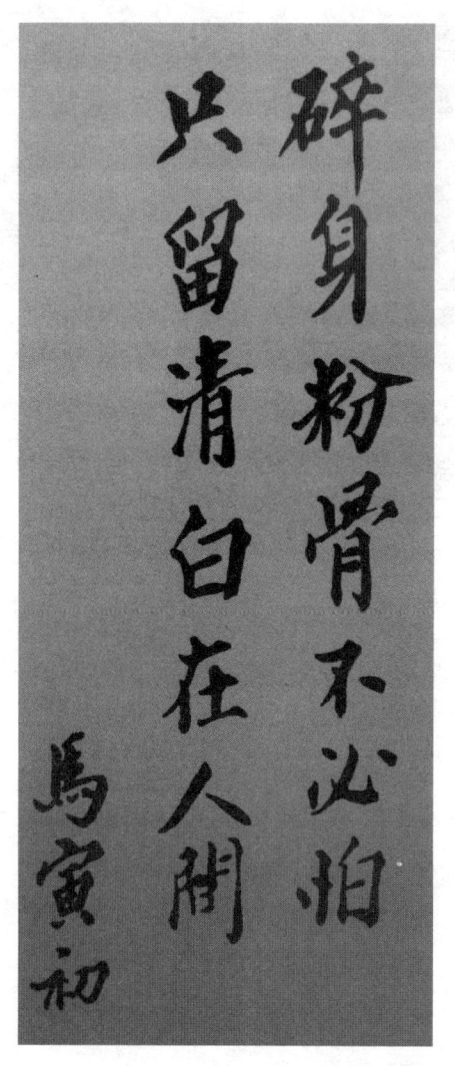

碎身粉骨不必怕
只留清白在人间
马寅初

马寅初手迹

明内容，放入一个藤箱里。

写作时，他的脑海不时地出现中国农村的各种问题，而他的视野则尽量放宽，不仅参照中国已有的研究，而且将国外的研究融会贯通，为我所用。

写累的时候，马寅初便会沿着院中的水泥小径散步，日光透过树叶照在地面，留下斑斓的树影，给人如真似幻的感觉。马寅初不免回忆点往事。

记得1929年，他曾在国民党立法院的一次会议上提出自己的主张，针对当时的国情，他说："粮食和食盐，不是一般的商品，是直接关系国计民生的大事，因此，这两种东西不应该由私商经营，而应由政府统一管理、统一调节。"他将这一利国利民的建议作为议案在会议上正式提出，但由于触犯了权贵的利益，被束之高阁。

1940年，他在国民党政府陆军大学将官班做讲座，说："现在是'下等人'出力，农民和劳动人民在前线浴血抗敌；'中等人'出钱，后方广大人民受到通货膨胀、物价上涨之害；'上等人'既不出钱，又不出力，还要囤积居奇，高抬物价，从中牟利，发国难财。更有甚者，还有一种所谓的'上上等人'，他们依靠权势，利用国家机密从事外汇投机，大发超级国难财。这种猪狗不如的所谓'上上等人'就是孔祥熙、宋子文等人。"

1945年，他刚被解除软禁，便在重庆工商界人士举行的聚餐会上激动地说："抗日战争中的主力是谁？吾敢答曰农民！看在战争中，其断肢折足，或流血阵亡，或死于饥饿、瘟疫，或辗于沟壑者，十之八九是农民子弟。我们若以'真正的民族英雄'这个头衔给予农民，他们定可当之无愧。……战争是不人道的，但眼见一般农民与一般难民之困苦和颠沛流离，而不集中全国力量快快设法去救济，反惟一己之私利是问。这种念头是更不人道的，他们的罪恶要比制造战争还大……中国要工业化，就必须实行民主，必须发展农业，改善亿万农民生活。要发展农业，就必须进行土地改革。"

……

在马寅初的思想中，中国的农民太苦了，苦了几千年。唯有中国共产党改变了农民的命运，进行土地改革，使人民当家做主。因此，马寅初真心诚意地拥护中国共产党，愿为党和人民献出一切。

新中国成立前，老浙大农学院园艺系选育了一种萝卜品种，长达二尺五寸左右，粗壮如臂，半在土中，半在地上，每个平均四至五斤，最大的一个十四斤半，亩产较普通品种多二至三倍，达一万斤以上。新中国成立后，这种萝卜曾在岳坟农业展览会展出，恰被马寅初看到。他如获至宝，马上向农学院领导详细询问这种品种的选育经过，然后要了10个标准形的样品，带到北京向中央有关部门和领导宣传。经马寅初这么一宣传，这种大萝卜迅速在全国推广开来，为萝卜的增产做出了贡献，也为农民的增收做出了贡献。

1950年3月15日，马寅初在一次讲课说："现代的中国，是一个帝国主义反动派遗留下来的，被帝国主义、封建主义、官僚资本主义剥削了许多年的国家，民穷财尽，遍地灾荒，农业衰败，人民贫困。在这些客观情况下，拟定了许多政策，争取今年农业增产粮食一百亿斤，棉花四百五十万担，工业希望内迁，贸易方面发展国内外贸易，准备粮食供应城市，保证米价不波动……"

在马寅初的心目中，农村问题、农民问题是关系到整个国家的重大问题，也是他无时无刻关注的重大问题。他在中外的对比中看到了差距：在发达的国家，一个农民可以养活几个人。而在中国，几个农民养活一个人。这就是差距。而要改变这种状况，就必须提高农村文化教育水平；必须改变落后的手工操作，提高机械化生产；必须继续开垦荒地，继续改善粮食品种……只有农村问题解决了，中国才可以真正达到国富民强。

为了达到这一目标，马寅初愿意研究调查，愿意献计献策，愿意奉献自己的一切！

可是，现在，他却被剥夺了公开发表自己见解的权利。他知道自己冤，但他相信这是暂时的，他也决不会因此放弃自己为党为国为人民奉献的坚定信念。因此，他更加珍惜宝贵的光阴，无论如何，先将《农书》写出来再说。

"与其让别人烧，不如自己烧！"

《农书》耗费了马寅初巨大的心血，不知不觉，藤箱已满，头上又增华发。从1963年开始写稿到1965年初稿完成，三年光阴，马寅初以忘我的精神写出了100多万字。所有的内容都是用毛笔写成。写完后，他又从头到尾作了一次修改，一般情况用蓝笔，特别重要的改动用红笔。为了防止手稿受潮和被虫蛀，马寅初特别嘱咐家人将存书稿的藤箱放在干燥通风的地方。

写完《农书》后，马寅初已83岁，身体状况大不如前。

有一次，他以前的秘书陈玉龙前去看他。一进屋，见地上铺满了稿纸，马寅初正在看他的《农书》。见陈玉龙进来，便说："他们不给我发表，我自己看。"言语中不免有种愤怒。

1966年春节后的一天，马寅初将全家人召集起来，说："请你们抽时间帮我把《农书》原稿照抄一遍。这部书现在虽然不能出版，但不等于永远不能出版。它是我十几年的心血呀！"家人们点点头。

可是，还没等家人行动，一场更加强烈的政治风浪席卷而来。

"文革"开始了，社会上出现了"破四旧"的极左行为，马寅初的一些好友先后受到冲击，或被抄家，或被游斗。邵力子、张治中的家也被红卫兵光顾。紧接着，国内还出现了"焚书热"，不仅中国传统的（"封"）、西方的（"资"）和苏联的（"修"）书籍在劫难逃，就连1949年到1966年17年间出版的绝大多数书籍，都在"横扫"之列。红卫兵们以"砸

马寅初的著作

文化人的"死"与"生"

烂旧世界"的"革命"名义肆意横行起来，他们不仅将教授、学者们多年积攒的书籍搜出来焚毁，甚至随意侮辱、毒打、批斗他们的师长。

形势的变化给家里人带来巨大的压力，马寅初则陷入长久的思考当中。

一天早饭后，马寅初说话了。他把家里人叫到客厅，尽量以一种平静的语气说："近来我一直思考一件事情，总犹豫不定，现在我决定了。今天，你们大家都不要出去，我们全家自己动手来破四旧。这样做，虽然可惜，也非常痛苦，但不这样做，又有什么办法呢？与其让别人烧，不如自己烧！"

说着说着，他有点说不下去。家人含着眼泪，将一件件珍贵的文物、一幅幅珍贵的字画以及马寅初多年积累的许多资料送进锅炉，烧掉了。

最令马寅初心痛的还是他的《农书》。那是他的心血，整整一藤箱，几十卷手稿，花费了多少不眠之夜！寄托着多少对国家对人民的厚爱！

可是，如今手稿被一卷一卷地送入炉火中，没了。

马寅初知道，他不可能再写同样的手稿了。

这是他永远的遗憾！

由于马寅初写作时，往往写完后便放

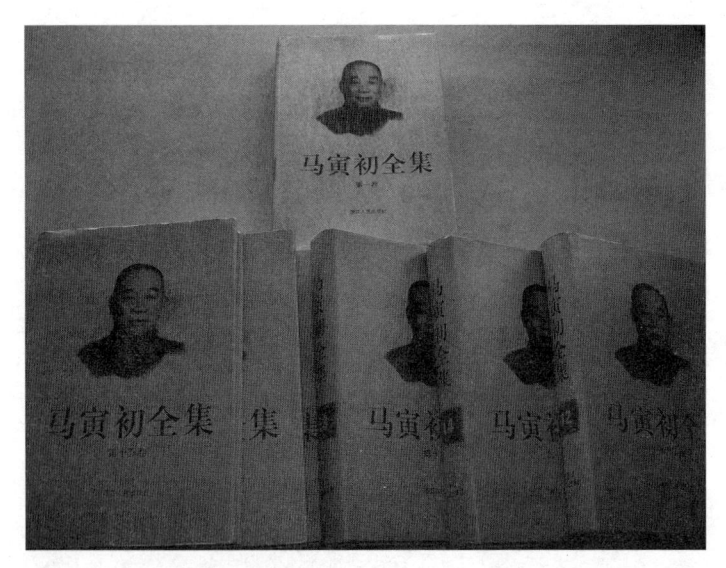

马寅初全集（共15卷）

142

起来，并没有跟家中人细谈。以至于没有人知道《农书》中详细的内容。这也成为世人永远的遗憾。

　　粉碎"四人帮"后，主持平反冤假错案工作的中央组织部长胡耀邦认真审阅有关马寅初的材料后，激动地说："我们再也不要犯这样的错误了。共产党应该起誓：再也不准整科学家和知识分子了！"

主要参考资料

马寅初：《马寅初全集》，浙江人民出版社，1999年。

马本寅：《一个赤诚的爱国者》，出自《走近马寅初》，马寅初纪念馆编，上海三联书店，2008年。

杨建业：《马寅初》，中国青年出版社，1986年。

诸天寅：《陈云与马寅初》，华文出版社，1999年。

嵊县政协文史资料委员会编写：《马寅初在故乡》，杭州大学出版社，1995年。

嵊县市人民政府编：《马寅初》，浙江人民出版社，1999年。

曹禺（1910—1996）

曹禺的早年与晚年

到了晚年，经历过"文革"灾难的曹禺，虽然重新受到世人的推崇，社会地位和生活水平都非常高，但他的内心却非常痛苦。

一个作家，如果写不出好的作品，那么，这个作家将是一个什么样的状态？尤其对于曹禺这样一个特别敏感的作家。

文化人的"死"与"生"

1910年9月24日，中国的天津诞生了一位世界级的剧作家，他就是曹禺。

曹禺自幼喜欢看戏，5岁时即与小伙伴编戏演戏，12岁进入南开中学读书，13岁开始接触并热衷于新文学作品，痴迷地阅读了鲁迅的《呐喊》、《狂人日记》、《孔乙己》等小说。15岁正式加入南开中学文学会和南开新剧团，开始他的演剧生涯，表现出突出的戏剧天分。19岁考入清华大学外文系，广泛研读古希腊悲剧、莎士比亚戏剧以及契诃夫、易卜生、奥尼尔等人的剧作，并尝试着写剧本。23岁大学即将毕业前，曹禺创作完成了已酝酿构思五年的经典名剧《雷雨》，于次年公开发表，立刻产生强烈反响。此时的他，充满了激情，勇敢而无畏地探索着社会与人性，向着至高的理想奋斗。他说："在这个光怪陆离的境遇中，我看见过、听到过多少使我思考的人物和世态。无法无天的魔鬼使我愤怒，满腹冤仇的不幸者使我同情，使我流下痛心的眼泪。我有无数的人像要刻画，不少罪状要诉说。我才明白我正浮沉在无边惨痛的人海里，我要攀上高山之巅，仔仔细细地望穿、判断这些叫作'人'的东西是美是丑，究竟有怎样的个性和灵魂。"1935年，鲁迅在接受美国记者埃德加·斯诺采访时，介绍："我们现在最好的戏剧家有郭沫若、田汉、洪深，和一个新出现的左翼戏剧家曹禺。"郭沫若、李健吾等名家无不对《雷雨》做出很高的评价。

曹禺的才情从此一发不可收。在1933年到1943年短短的十年间，曹禺先后创作出《日出》、《原野》、《北京人》《蜕变》等7个剧本，几乎每一部都成为传世之作。他的创作激情与创

作成就被酣畅淋漓地发挥了出来。他的思想深刻，在跌宕起伏的情节中反映生活，探讨着复杂的社会和复杂的人性，具有强大的艺术魅力，这颗文坛巨星在33岁前已进入世界著名剧作家的行列，世人期待他有更大的成就。

曹禺照片以及他的几部作品

  然而，从1949年新中国建立到1996年曹禺去世，在长达47年的时间，曹禺却仅写出《明朗的天》、《胆剑篇》（与梅阡、于是之合作）、《王昭君》三个剧本。这究竟是什么原因造成的？是社会环境所致？是曹禺本人的思路枯竭？还是由于更多的原因？许多人在探讨这个问题。曹禺本人也在不断思考，不断反省。

文化人的"死"与"生"

曹禺与女儿万方

到了晚年，经历过"文革"灾难的曹禺，虽然重新受到了世人的推崇，社会地位和生活水平都非常高，但他的内心却非常痛苦。

一个作家，如果写不出好的作品，那么，这个作家将是一个什么样的状态？尤其对于曹禺这样一个特别敏感的作家。

他曾经想写《十年浩劫回忆录》，但写了不到一半就再未写下去。在这份回忆录中，最后的一行字是："当时，我整天担心随时被抓进去……"

他复出后，很快被加上越来越多的头衔，参加各种各样的社会活动。对太多的社会活动，曹禺一方面从内心里明了这是在耗费自己的生命，另一方面他又喜欢参加这些社会活动。每每是一接到邀请的电话，他就来了精神；而在活动结束，他回家后又极为疲惫，有一种说不出的沮丧。他在矛盾中生活着，又不停地反省自己。他对女儿万方说："一天到晚瞎敷衍，说点这个说点那个，就是混蛋呗！没法子。""我现在的脑子是空空洞洞，一无所有呀！""告诉你，每个人都有一本帐，我写不出东西是我自己的帐。你别为我苦恼，你苦你的恼吧！"女儿万方已习惯了父亲自己骂自己，她觉得"痛苦是父亲的天性"。但写不出作品，是曹禺最深层的痛苦。他曾忍不住对万方说："小方子，你逼我吧，不逼不行啊！我要写东西，非写不可！"他在内心里抗争着，他也付诸行动，到处搜寻材料，许多天半夜起来，一写就是三四个小时。他拟了许多提纲，想了许多计划，也写了不少文字，但往往写好的东西又被曹禺撕掉，他觉得不成样子。在这样写不出作品的情况下，曹禺又去不停地参加社会活动，用社会工作来填充时间。但这样过后，他的内心就更痛苦了。

到了晚年，曹禺背上了沉重的思想负担。也许是受社会活动或"命题作文"所累，也许是更好的作品需要经过长时间更多的痛苦酝酿……总之，很长的时间，曹禺没有了早年那样的自信，他似乎有点害怕，总害怕新写的东西拿出去以后被人非议。这样必然畏首畏尾，许多未完成的作品被他自己很快地枪毙了。他给好友巴金写过许多信，其中在1992年12月1日的信中这样写："我正在写个短篇小说，这是遵从你的嘱咐，何时真写得出，也不可知。'六十岁学吹鼓手'本是笑话，如今八十岁学写小说，你想，其困难，其可笑，

晚年曹禺

可想而知。但我仍坚持，有一点写一点，写一段是一段，总得把它写完。应该写好了，请你改。我怕太丑了，太不像样，就拿不出去了。"

曹禺最后几年的时光是在病床上度过的。他摆脱了社会活动的干扰，可以静下心来好好写他的作品了，可身体却不行了，生命变得如此无奈。但曹禺仍在努力着，他虽然再没有写出完整的巨著，却也在好几个本子上写了很多的文字。有一个《黑店》的剧本，他已拟下了提纲，写下了一个个人物和一场场对话。还有《外面下着雨》《岳父》等剧本，都已拟出了提纲。他的思维还是非常活跃，万方在回忆文章中提到："他（曹禺）还想写'斗战胜佛'孙悟空的戏，写如来。其中还出了一个大学者，孙猴子向他讨教，而发现大学者的脑袋和心都空空如也，孙猴儿感叹：怪不得他这样神气，四大皆空他就占了两空，头空心空，做了一生万事通，善哉善哉！我要拜他为师。"

1996年12月13日凌晨3点钟，曹禺静静地离去了。他带着许多构思、许多"宝贝"离开了我们。他生命的最后时光，仍在抗争，仍在奋斗。他是值得我们永远怀念的。

主要参考资料

曹禺：《悲剧的精神》，京华出版社，2005年。
梁秉堃：《在曹禺身边》，中国戏剧出版社，1999年。
万方：《献给我的爸爸》，出自《在曹禺身边》。
万方：《灵魂的石头》，出自《在曹禺身边》。

田本相 :《曹禺传》，北京十月文艺出版社，1988 年。
北京人民艺术剧院主办 :《北京人艺》2010 年第 3 期。

潘天寿（1897—1971）

潘天寿遗言:"担心的是国家和年轻人"

  潘天寿和杜甫的遭遇何其相似,都是在年老无力时,被无知"群童"欺辱,可是在这样的厄境中,他想着更多人的幸福,想着国家,想着年轻人。
  他为国家和国家的未来担忧呀!

文化人的"死"与"生"

国画大师潘天寿,一生备受世人尊敬。没想到,"文革"特殊年代,在他年逾古稀的时候,却饱受精神和肉体的双重折磨,于1971年9月5日含恨离开人世。他曾写下这样的遗言:

狼前脚短后脚长,狈前脚长后脚短,搭在一起跑路,是为狼狈为奸;我们不是野兽,没有四条腿,怎么叫狼狈为奸呢?

人总有那么一天的,年纪大的人倒无所谓,担心的是国家和年轻人。国家的损失无法估计,年轻人失去了宝贵的青春,永远无法补救。

这样的遗言令人心酸,但也令人不胜钦佩!让我想起了杜甫的《茅屋为秋风所破歌》:

八月秋高风怒号,卷我屋上三重茅。茅飞度江洒江郊,高者挂罥长林梢,下者飘转沉塘坳。南村群童欺我老无力,忍能对面为盗贼,公然抱茅入竹去。唇焦口燥呼不得,归来倚杖自叹息。俄顷风定云墨色,秋天漠漠向昏黑。布衾多年冷似铁,骄儿恶卧踏里裂。床床屋漏无干处,雨脚如麻未断绝。自经丧乱少睡眠,长夜沾湿何由彻。安得广厦千万间,大庇天下寒士俱欢颜,风雨不动安如山。呜呼,何时眼前突兀见此屋,吾庐独破受冻死亦足。

当自己的茅屋被秋风吹破无处栖身并饱受身体及精神的摧残时,杜甫却想着:"安得广厦千万间,大庇天下寒士俱欢颜,风雨不动安如山。呜呼,何时眼前突兀见此屋,吾庐独破受冻死亦足。"

这便是中国传统知识分子的可贵传统！

潘天寿和杜甫的遭遇何其相似，都是在年老无力时，被无知"群童"欺辱，可是在这样的厄境中，他想着更多人的幸福，想着国家，想着年轻人。

他为国家和国家的未来担忧呀！

孙冶方（1908—1983）

孙冶方遗言："我平生没有个人的怨仇"

如果孙冶方活到现在，他对一些政治运动的看法应该会发生一些变化。但我相信，他的原则不会变化：对于以前的政治运动，可以忘记的是个人的恩怨，这样整个社会才可以往前走。而对运动中颠倒了的理论是非，则应该完全纠正过来。

我再加上一句：忘记个人恩怨，不等于忘记这些历史；因为只有记住并总结历史教训，才可以避免悲剧的重演。

文化人的"死"与"生"

孙冶方是我国著名经济学家，曾任华东军政委员会工业部副部长、上海财政经济学院（现上海财经大学）院长、国家统计局副局长、中国科学院经济研究所所长，主要著作有《关于国民经济建设和国家资本主义》《关于"资产阶级法权"》《关于改革我国经济管理体制的几点意见》《社会主义经济论》等等。"文革"中，孙冶方曾被关押7年之久，饱受迫害。直到1975年才被释放。1979年，孙冶方在经济学界无锡会议上提出解放思想："不怕受批评、不怕撤职、不怕开除党籍、不怕离婚、不怕杀头。"1983年，孙冶方因病去世。病重期间，他写下这样的遗言：

我平生没有个人的怨仇，不错，在过去，我曾经挨过不公正的批斗。对于这个问题，我是这么看的：一切都要记在林彪、康生、陈伯达和"四人帮"账上。

运动中一切个人恩怨应该统统忘掉，忘得越彻底越好。但是过去被林彪、康生、陈伯达、"四人帮"们颠倒了的理论是非，必须重新颠倒过来。

我是经济学家，你们不让我思考经济问题，我用什么抵御顽疾、消除病痛呢？

我可以说是死而无恨了！这都是党的三中全会以来拨乱反正的成就呀！

我死后，我的尸体交医院作医学解剖，不举行遗体告别仪式，不留骨灰，不开追悼会。但不反对经济所的老同事，对我的经济学观点，举行一次评论会或批判会。对于大家认为正确的观点，希望广为宣传；但同时对于那些片面的以至错误的观点，也希望不客气地加以批判，以免贻误社会。

如果孙冶方活到现在，他对一些政治运动的看法应该会发生一些变化。但我相信，他的原则不会变化：对于以前的政治运动，可以忘记的是个人的恩怨，这样整个社会才可以往前走。而对运动中颠倒了的理论是非，则应该完全纠正过来。

我再加上一句：忘记个人恩怨，不等于忘记这些历史；因为只有记住并总结历史教训，才可以避免悲剧的重演。

李可染（1907—1989）

李可染："所要者魂"

李可染对中国画充满了信心。1989年刻"东方既白"，题跋曰："有人谓中国文艺传统已至穷途末路，而我却预见东方文艺复兴曙光"，表达他对中国绘画艺术的深刻理解和无比信心。他说："中国人画画到一定境界之时，思想飞翔，达到了精神上的自由状态，传统已经看遍了，山水也都看遍了，画画的时候什么都不用看，白纸对青天，胸中丘壑，笔底烟霞。"

文化人的"死"与"生"

1999年10月30日,中国美术馆隆重举办了"东方既白——李可染艺术展"。那是我第一次欣赏到李先生那么多的精品,完全沉浸于广阔深邃的艺术海洋当中,从早到晚不知疲倦地观赏着。当时的愉悦与震撼,直到现在,依然能够记起。那是真正的艺术,我体察到大师的精魂在向我述说,我忘记了一切……

艺术展前言写着:"李可染以对中国绘画艺术前所未有的使命承担,以最大的功力打入传统,又以最大的勇气打出传统,致力于探求根植于民族文化并融通中西的艺术创作道路,终于登上了可以鸟瞰世界艺术原野的高峰。"他是中国文化在绘画艺术领域的一代托命之人。

快哉亭中一痴童

李可染1907年出生于江苏徐州,父母都没有文化,对子女学业从不过问,李可染得以逍遥自在,经常悠游于民间游乐场所,摹拟仿效,乐此不疲。可染自幼聪慧,痴迷书法、京剧与民间音乐,尤喜绘画。九岁时,他曾按照脑中印象,仿徐州书家苗聚五笔意,写四尺大幅"畅怀"二字,观者无不惊叹。此后求写对联者络绎不绝。而可染真正迈向艺术殿堂是在13岁一个偶然的机缘。

离可染家不远有一片幽静雅致的园林,园林以快哉亭为中心。据说北宋诗人苏东坡任徐州知州时,常与友人来此吟诗作画,此亭由此远近闻名,并成为文人们经常聚集的场所。园林后面有一段旧城墙,是可染常常玩耍的地方。这年暑假的一天,小可染又来到此处,无意中发现一间平房内有人作画,十分欣喜。他顺着城墙滑下去，趴在窗口静静观看，整个身心都被吸引过去。

屋内有几位老人，其中一人正挥毫画梅，只见他先画出枝干，然后以红笔圈花，画面的境界便随着老人的手起笔落铺展开来。小可染仿佛来到一个别有洞天的神仙世界，全身说不出的喜悦。他痴痴地看着，一直到夜幕降临，老人们都离开了，他才一个人慢慢回家。第二天，可染起一大早，黎明时便来到快哉亭，等几位老人先后到来，小可染继续趴在窗外，静静地盯着他们作画，如此连续三天。一位先生长叹一声道："后生可畏。"然后连连招手，让他进去。从此，小可染天天必到，帮先生们洗砚磨墨，打扫房间。白天他看先生们作画，认真琢磨；晚上回去用心摹仿，画出大量的作品。过了一段时间，他把摹仿画作拿去给先生们看，先生们大吃一惊，重新看待眼前这位小孩。众人推举画家钱食芝，让他收可染为徒。钱食芝欣然应许，成为可染艺术生涯中的第一位恩师。

钱食芝，字松龄，山水画家，师承王石谷，在传统绘画上有相当造诣。他非常看重可染，正式拜师后，钱师花了整整一个星期的时间，在四尺整幅宣纸上，认认真真画了一幅"四王"模式的大帧山水中堂送给可染。钱师已预料到可染日后的前程不可限量，附诗一首写着"童年能弄墨，灵敏世应稀，汝子鹏搏上，余惭鹞退飞"，认为可染日后必将青出于蓝而胜于蓝。

独特画风得赏识

李可染16岁时考入上海美术专门学校。在校期间，他曾聆听康有为的演讲。康有为在演讲中提到"周游全球，以为中国绘画为世界艺术之高峰"，对可染激励很大。毕业时，李可染创作了一幅工细的山水中堂，名列全校第一，时任校长的刘海粟亲笔为之题跋。

离开上海后，李可染任教于徐州私立艺专，并在19岁时举办了第一次画展。1929年，李可染得知杭州西湖国立艺术院招收研究生，遂前往应试。

在风景如画的西湖岸边，可染被大自然的无限风光深深感染，为之激动不已。在这儿，他结识了来自山东的考生张眺，两人志同道合，成为挚友。当时，可染面临着巨大的挑战。论学历，他毕业于中专，报考研究生显然不够资历。论专业，他学的是国画专业，而艺术院的招生章程中规定，必须通过油画主科考试。怎么办？让从未学过油画的李可染参加油画考试，怎么能行？

就在李可染忧心如焚的时候，张眺及时帮助了他。经过短期的"培训"，李可染从张眺处学到油画的基本技法。他有国画的功底，悟性很高，再加上张眺一再鼓励他要有自己的风格，他进步飞速。考试中，李可染的画竟被艺术院校长林风眠看中，认为其画风独特，雄厚大胆有气魄，于是破格录取。这对李可染来说，确实是一个改变命运的转折点。

春天的花开了，李可染在杭州西湖国立艺术院开始崭新的生活。他在恩师林风眠和法籍教授克罗多的指导下，专攻素描与油画，并自修国画，研习美术史论，与好友张眺同时加入进步团体"一八艺社"。在这里，李可染学习西方绘画，对西方印象派和后期印象派有了深入了解。他放开眼光看世界，对文艺复兴时期的大师如米开朗其罗、达·芬奇、波蒂彻利等人的作品十分钦佩；喜欢米勒的画作，认为其感人至深；伦勃朗则用笔豪放，表现力强；尤其是鲁迅出版的珂勒惠支画集，令可染受益良多……

来自四面八方的思想吹入李可染的脑海，这是李可染一生中重要的时期。林风眠先生高尚的人格与高洁的画风，以及大学内民主进步的风气，都对李可染产生巨大影响。这为他日后大展宏图，将西方艺术中的优点融入中国绘画而大放异彩奠定了坚实的基础。

"一八艺社"是鲁迅先生培育的进步青年美术团体，李可染积极参与其中的活动，阅读了许多由鲁迅编著的进步书刊和世界名著，从而对艺术与社会有了进一步的认识与了解。1931年5月，杭州"一八艺社"在上海举行习作展览，鲁迅为展览题写了《一八艺社习作展览会小引》，李可染的作品开始崭露头角，受到注意。渐渐地，张眺与李可染成为杭州"一八艺社"的重要人物，他们共同为新艺术的蓬勃发展做着不懈的努力，代表着新艺术运动的希望。然而，由于当局的迫害，"一八艺社"不久以后被迫解散。同年秋，李可染也因艺社活动被迫离校，在林风眠恩师的帮助下潜离西湖，返回故乡，在徐州私立艺专任教。

1938年，李可染到达武汉，在周恩来、郭沫若领导的政治部第三厅做抗战宣传工作，画了许多爱国宣传画，其中以《是谁破坏了你快乐的家园》影响最大。他以愤怒的画笔激发国人对侵略者的仇恨。后来，三厅改为文化工作委员会，李可染在郭沫若领导下工作，达五年之久。

1941年，文委会的工作告一段落，李可染重新恢复中国画的研究，逐步进入他创作的第一个时期"古典期"。

文化人的"死"与"生"

以最大的功力打进去,以最大的勇气打出去

"水牛／水牛／你最最可爱／你有中国作风／中国气派／坚毅雄浑无私／阔达悠闲和蔼／任是怎样辛劳／你都能够忍耐……"

这是郭沫若的诗作《水牛赞》,写于1942年。当时,李可染正与郭沫若一起,居住在重庆金刚坡下的农舍。他曾回忆这段经历:"当时我住在重庆金刚坡下农民家里,住房紧邻着牛棚。一头壮大的水牛,天天见面,它白天出去耕地,夜间吃草,喘气、啃蹄、蹭痒我都听得清清楚楚。记得鲁迅曾把自己比作吃草、挤奶血的牛,郭沫若写过一篇《水牛赞》,世界上有不少对人民有贡献的艺术家、科学家把自己比作牛,我觉得牛不仅具有终生辛勤劳动、鞠躬尽瘁的品质,它的形象也着实可爱。于是就以我的邻居作模特,开始用水墨画起牛来了。"

此后,李可染一发不可收,终生画牛,并以"师牛堂"作为画室的名字。他以牛为国兽,把自己的人格与风韵融入画牛当中,画出了牛的情趣、牛

李可染印章:师牛堂

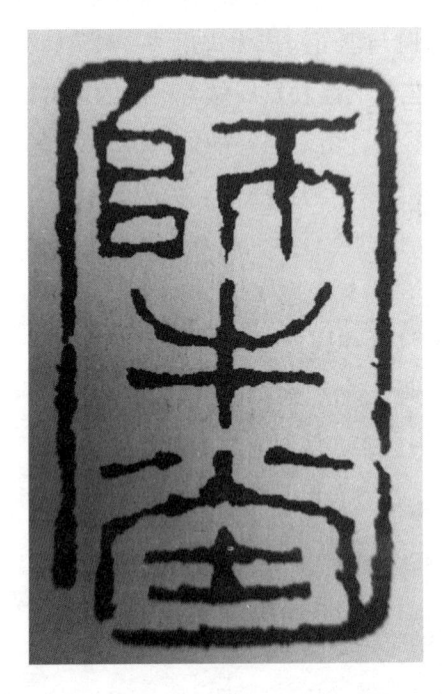

的神采、牛的风骨、牛的灵魂，也把自己锤炼成一个百折不挠的斗牛、犟牛、孺子牛。

也就是在1942年，著名画家徐悲鸿在某会议厅发现了李可染的水彩风景画，赞叹不已。随即写信给可染，并附水墨画《猫图》赠送，希望以此交换水彩风景画一幅。两画家开始订交，友情不断加强，为可染更上层楼提供了机会。

次年，李可染应重庆国立艺专校长陈之佛邀聘，任中国画讲师，全心致力于中国画的教学、创作与研究当中。他有心变革中国绘画，定下自己的座右铭："传统必须继承，要用最大的功力打进去，用最大的勇气打出来。"这成为他一生的艺术追求。

这一时期，他博览历代名家作品，选择董源、巨然、郭熙、李成、范宽、李唐、黄公望诸人作为主要研究对象。清初的八大山人、石豁、石涛等人的作品，也成为李可染饱汲艺术营养的源泉。尤其是石涛，从传统中来而不为传统所囿，强调深入生活，追求创造性的思想与画风，对可染影响巨大。可染画《松下观瀑图》，用半渗透性皮纸，以淡而尖细的笔画松、岩、瀑布和人物，运线迅速，兼用长拖笔与挑笔。松针与水的画法，略似石涛。他潜心传统，但处处未落前人窠臼，显示出不凡的功力，初见大家风范。

李可染以山水写意画著称于世，其实他的人物画同样具有相当高的成就。其《执扇仕女》图，高古细笔，刻画入神。仕女的眼神、风韵乃至所执的扇子，并细到衣带发丝，无一处不具有和谐之美，宛若一曲绝妙的歌舞乐，表现出无比潇洒飘逸的效果。他的钟馗图也是一绝，有阴气森森的，也有貌似粗鲁

文化人的"死"与"生"

实则憨厚的,形象多样,均达到形与神的高度统一。此外,平民,和尚,历史人物如屈原、李白、杜甫、王羲之等,既是可染学习的对象,也是他画中的角色。这些画作使可染的画廊变得更加丰富多彩。

游子旧都拜恩师

1946年,李可染艺术生涯中的又一关键时刻出现了。两份聘书同时到达他的手中,一份是母校杭州国立艺专发来的,一份是徐悲鸿请他到北平国立艺专的。毋庸置疑,李可染对母校感情深厚,回母校工作可以了却他的心愿。可是,后者更有吸引力,北平是中国文化古城,有故宫藏画,还有李可染素来仰慕的大师齐白石、黄宾虹。在当时的可染心中,北平几乎就是一流艺术的代名词,于是他选择北上。

此时李可染四十岁,已多次举办画展,获得徐悲鸿、郭沫若、田汉、沈钧儒等名家广泛的好评,在中国画坛已有较高声誉,然而他觉得自己最紧要的还是学习,向前辈艺术家学习,抓住艺术传统的接力棒。到北平不久,经徐悲鸿引荐,李可染见到了心仪已久的八十多岁高龄的齐白石,表达了自己想拜师求教的心情。1947年春,李可染带了二十幅作品再次登门拜见齐白石,由此引出一段动人的故事。

当时,齐白石正在躺椅上养神,李可染将画送到他的手边,他顺手接过。起初他还是半躺着看,待看了两张以后,他已不知不觉地坐了起来,仔细地端详,再继续看,齐老的眼里放出亮光,身子也随着站了起来,边看边说:"这才是大写意呢!"

齐白石晚年有个习惯，认画不认人，看完画以后，他才将注意力转移到李可染身上，问："你就是李可染？"李可染忙回答。齐老高兴了，赞许道："三十年前我看到徐青藤真迹，没想到三十年后看到你这个年轻人的作品。不容易呀。"徐青藤即徐渭，明朝著名的花鸟、山水画家，其画以用笔豪放恣纵，潇洒飘逸，名重一时，对后世亦有极大影响。齐白石生平十分推崇徐渭，由此可见他对可染的赏识。接着，齐老满含深意地说："但是，你的画就像写草书。我一辈子都想写草书，可我仍在写正楷呀……"

就这样，齐白石与李可染以画为媒，一下子变得十分亲近。李可染告辞时，齐老留他吃饭，可染再三推辞。齐老动了气，对正要迈出门槛的可染大声说："你走吧！"这时，齐老的家人示意，可染你要听齐老的，留下吧。从此，齐白石与李可染结下了不解之缘。

李可染与恩师齐白石合影

李可染对拜师一事非常看重，认为拜师仪式必须郑重其事，所以拖了一段时间。齐白石却等不及了，有一次他问可染："你愿不愿意拜师？"李可染忙说："您早就是我的老师了。"齐白石会错了意，心情郁闷，不时对身边的护士念叨："李可染这个年轻人，他不会拜我做老师的。他的成就，将来会很高。"这话传到李可染耳中，他急忙去见齐老，解释原因。齐老心直口快，连声说："什么也不需要，什么也不需要。"李可染茅塞顿开，当天就在齐老第三子齐子同的陪伴下执弟子礼。齐白石连忙站起，扶可染起来，高兴之余，眼睛都有点湿润，喃喃地说："你呀，是一个千秋万代的人哪！"此后，李可染正式成为齐白石的得意弟子，十年功夫，尽得齐师艺术精髓。

齐白石将晚年收弟子视为人生一大快事，对可染十分推重。他曾画《五蟹图》送给可染，上面题句："昔司马相如文章横行天下，今可染弟书画可以横行也。"可染画一幅写意人物《瓜架老人图》，画的是一位老人在瓜架下乘凉打盹，整幅画超脱秀逸，卓尔不群。齐师看后，连连称赞，题句曰："可染弟画此幅，作为青藤图可矣。若使青藤老人自为之，恐无此超逸也。"还在《耙草歇牛图》上题："心思手作，不愧乾嘉间以后继起高手，八十七岁白石丁亥。"

李可染对齐师有深厚的感情，直到晚年仍念叨着恩师。他多次提及："我在齐白石老师家学画十年，主要学他的创作态度和笔墨功夫。""我从师齐白师，最大的心得是线条不能快，好的线条要完全主动，要完全控制，控制到每一点，达到积点成线的程度。"他学的是齐师的精髓，却不是所画题材。常入齐老画面的虾、蟹之类便很少出现在可染画中。他在画《雨亦奇》时倒是想到齐师的《雨余山》，但齐白石用的是点法，李可染则借用水彩及没骨花卉中的染法，刻画得相当柔和，充分描绘出"如丝如雾湿人衣"的细雨情调。

1984年，李可染参加"纪念齐白石诞辰120周年作品展览"活动。同年，李可染为湖南湘潭举行的纪念齐白石诞辰120周年大会赠对联一幅，表达对恩师的怀念之情，联曰："游子旧都拜国手，学童白发念恩师。"

在拜齐白石为师的同年，李可染还投师黄宾虹门下。黄宾虹的画风与齐白石截然相反。齐白石先生的笔墨讲究简洁，简到无法再简；黄宾虹先生的笔墨则讲究浓重，繁到不能再繁。两人风格不同，却均达到当时画坛的顶峰。李可染拜见黄宾虹时同样带着自己的画作，一幅水墨《钟馗》令黄师激动不已，赞叹之余马上取出自己的藏画六尺元人《钟馗打鬼图》，要赠送可染。此画为古画珍品，可染敬辞不敢受。黄师性格爽朗，宽厚待人。他的敬业精神深深激励着可染，认为"前辈老师用功之勤苦，实非我等后辈所及"。而黄师之"积墨法"可谓一绝，给可染很大的教益。他后来总结说："画山水要层次深厚，就要用积墨法，积墨法最重要也最难，黄宾虹最精此道。"黄师的艺术境界和艺术作风都成为可染继承和发扬的对象。

李可染作品：钟馗送妹图

文化人的"死"与"生"

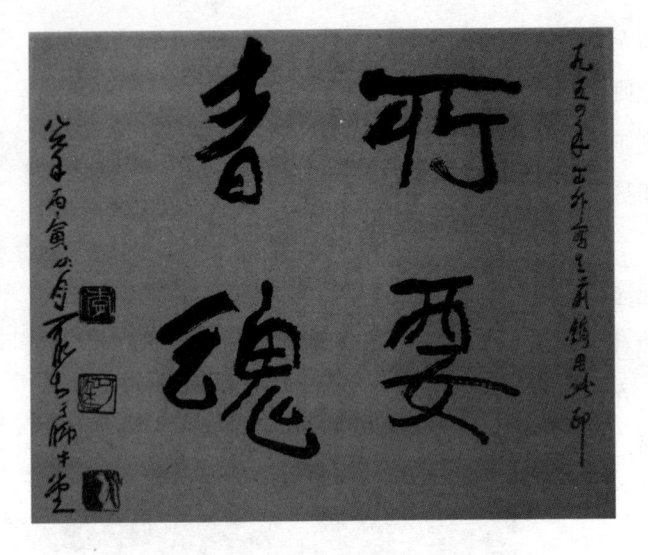

李可染书法作品：所要者魂

"可贵者胆，所要者魂"

为变革中国画，李可染于1954年镌"可贵者胆"、"所要者魂"两方印章，背负画具，徒步走向大自然。从此时起，他将中国古代山水大家师法造化的传统，转变为面向自然，对景写生，"要以最大的勇气打出来"，其艺术历程也由古典期进入转型期。

他以顽强的毅力，先后持续性地进行江南写生、长江写生、两度桂林写生、三次广东写生……从1954年到1964年十年间，他行程十数万里，克服了无数的困难，也创下辉煌的业绩。

祖国的山山水水召唤着他，黄山奇云、桂林佳水、山村静月、峰峦飞瀑无不触动他敏感的心灵，使他游思万里，神飞笔下。他在绘画过程中巧妙地将中西方画法融合在一起，既注重逆光、正面取景，又重视泼墨加积墨、水墨层次的变幻等，既取景于造化，又要超乎其上，注入无形的神韵，创造出真正的大意境。

李可染最重意境之美。他说："意境是艺术的灵魂，是客观事物精粹的集中，加上人的思想感情的陶铸，即借景抒情，经过艺术加工，达到情景交融的美的境界、诗的境界。"李可染的画作正是达到了高妙的境界。他的《万山红遍》，大量运李可染："所要者魂"

李可染作品：万山红遍

用朱砂,以墨为底,红作主调,酣畅淋漓地将毛泽东"万山红遍,层林尽染"的境界表现出来。全图风格艳丽、静穆,庄重而又热烈,以积色法与积墨法两者并用的手法,将"红"画透、画遍。眼见得从山脚一直到山顶,乃至远山均充满了暖意。层林中的房屋白墙黑顶,也被染上红色,仿佛"红"色已成为无处不在的空气,渗入屋内,与屋中人暖意交融。再加上左侧瀑布流泻,宛若听见哗哗流水,而白色的瀑布也似乎要被红色渲染,令观赏者怦然心动。此外,《雨亦奇》、《无锡梅园》、《人在万点梅花中》、《德累斯顿暮色》等优秀画作,无不体现着或浓郁或清新或迷朦的美妙的意境之美。

可以说李可染是一位绝妙的意境大师。而他的变革精神与变革实践,更为中国绘画做出杰出的贡献。著名画家吴冠中称"李可染是把传统山水画的画室搬进大自然里去的第一人"。著名文艺理论家王朝闻说:"李可染面临不同的对象写生,不是简单的写生,而是带着对它的爱,来表现了不同的自然的特点。这特点,照他自己的说法,叫作'魂'。"

这十年,是李可染开拓性的十年,不仅画风与以前迥异,由潇洒飘逸变得凝练浑厚、博大沉雄,而且"标志了(中国)传统山水画的一个转折:由写心与摹拟阶段向写生与写实阶段"过渡。尤其后者,是中国山水画乃至中国画发展史上一个突破性的变革,具有划时代的意义。

"大胆子全用在画画上"

"文革"期间,李可染被迫停笔,他的名作《阳朔胜景图》、

《快马加鞭图》被指为"黑画",身心均遭受严重打击。黄永玉是李可染在大雅宝胡同的邻居,他在《比我老的老头》中这样回忆:

> 他从来没有经历过那么大的动荡,那么凶恶的迫害。一大家子人等着他料理照顾,他的确像毛泽东同志所说,是个"书生气十足"的人。他没招谁、惹谁。像苦禅先生和我都爱写点、说点俏皮话。可染先生可从来没有。他虽未达一心一意听党的话的程度,起码三分之二的程度是够格的,但也逃不过这个"劫数"。
>
> 鲁迅说过这么一些近似的话:"工人当了工头,比原来的工头还毒!"这可真是千真万确。
>
> 革命群众就是学生,学生就是管理我们的阎王。有一个形象长得像粒臭花生似的我的学生,连裤子都永远穿不好,挂在两条腿上老像尿湿了似的丁零当啷,却是极为凶恶残暴,动不动就用皮带抽我们。身上挨抽,心里发笑:'这样的贱种,平常日子,一只手也能悬他在树上!"
>
> 就是这一类中山狼使未经历过恐惧和欺诈的可染先生丧魂落魄。他已经高血压好多年了。命令他站起来说点什么的时候,连手臂、嘴皮都在颤抖,更别谈要他说得出话。我心里向着他,我心里向他呼叫:"顶住啊,老头!怕不怕都是一样,一定不要倒下!"口里却不敢出声。我家里也有妻儿在等着我啊!

1974年,李可染曾患重病失语,靠书写与家人对话。但他没有抛弃他的艺术,艺术就是他的生命。正如黄永玉评价:

文化人的"死"与"生"

"他不想惹事。谨慎、小心,大胆子全用在画画上。"他将自己对生命的思索,贯入书法大楷当中,自创"酱当体"书体,笔势凝重有力,如同碑拓。

白发学童树丰碑

1976年起,随着时代的变迁,李可染走出精神的冰川,重新拿起画笔,书写新的篇章。几年时间,李可染已成为享誉海内外的画坛大师。作家柯岩著专文在《人民日报》介绍李可染其人其画;文化部批示,拍《李可染的山水艺术》记录片;李可染画展在海内外展出并多次获大奖;《李可染画语》出版;李可染故居被修复;李可染艺术基金会成立;各种各样关于李可染的研究广泛开展……

作画中的李可染

古今中外，有多少人因为太多的荣誉而变得止步不前，又有多少人因暮年已至而不复有往日的雄风，李可染不同，他晚年的画作精益求精，向着"神韵之美"追求，进入辉煌的丰碑期。

从1979年到1989年，李可染的画风有了令人惊奇的变化。他由描绘对象的丰富性转向笔墨形式的丰富性，由写生向写意由对象向形式自身的变化，重新靠近了文人画的传统，但并非文人画。画中的空间层次更加微妙深远，场面更加大气磅礴，意境更加丰富自由，不追求完全符合实景，追求的是似与不似之间的神韵精华，真正达到返璞归真无可比拟的境界。

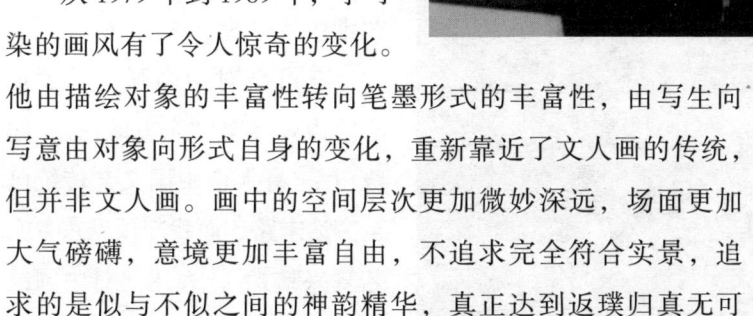

对此，李可染曾欣慰地说："晚岁信手涂抹，竟能苍劲腴润，腕底生辉，笔不着纸，力似千钧，此中底细非长于实践独具慧眼者不能也。"

李可染晚年镌不少印语，表达他的艺术主张与精神追求。他于1986年刻"为祖国河山立传"，表达他对祖国的无比挚爱之情，也体现了他一生的艺术观念。他

1981年，李可染被任命为中国画研究院院长

李可染书法作品：为祖国河山立传

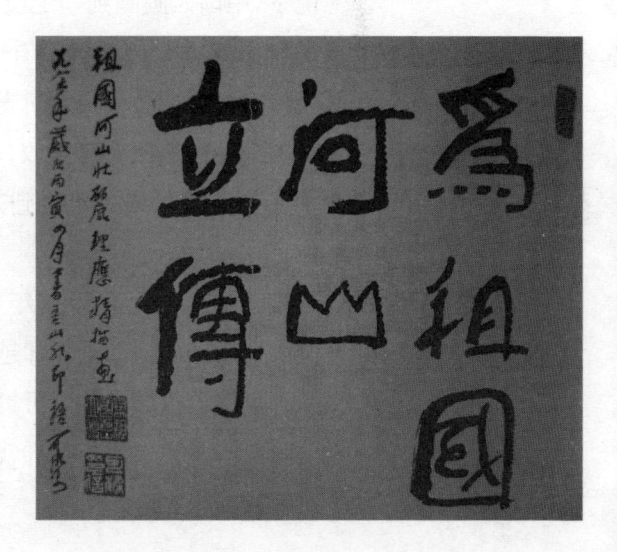

特地请画家唐云刻"白发学童"、"七十始知己无知"印,觉得天地之大、万物之多,自己真是微不足道。他的"凝于神"印语,出自孔子"用志不分,乃凝于神"之语,是他艺术世界最精确的写照,他把全部身心都凝结于艺术当中,创造了无比瑰丽的艺术作品。

李可染对中国画充满了信心。1989年刻"东方既白",题跋曰:"有人谓中国文艺传统已至穷途末路,而我却预见东方文艺复兴曙光",表达他对中国绘画艺术的深刻理解和无比信心。

《李可染画语》书影

他说:"中国人画画到一定境界之时,思想飞翔,达到了精神上的自由状态,传统已经看遍了,山水也都看遍了,画画的时候什么都不用看,白纸对青天,胸中丘壑,笔底烟霞。""对于外国大师的东西应当吸收,但自己的传统是血缘关系。""东方文艺复兴的曙光一定会到来,中国画会在世界上占很高的地位。"

当李可染先生于1989年12月5日去世时,中国画坛少了一位大宗师。而他的画作却越来越受到世界的推崇,在拍卖中也一再创下天价的奇迹。可贵的还有他的家人,将他众多的画作捐献给了文化部门,这样就会有更多的人能向他学习,将艺术之魂发扬光大。

主要参考资料

李可染：《李可染画语》，上海人民美术出版社，1997年。

李可染：《李可染作品精选》，天津杨柳青画社，2008年。

梅墨生：《李可染》，河北教育出版社，2000年。

黄永玉：《比我老的老头》，作家出版社，2003年。

吴冠中（1919—2010）

吴冠中留在记忆中

吴冠中逝世于2010年夏天。也巧,我当时正在云南香格里拉旅游,在一家老字号里,同行的师友们正在挑选精美的礼品,我却突然间在旧沙发上看到一张报纸,上面赫然刊登了吴冠中先生去世的消息,心中不禁怅然,很久没有说话。我望着湛蓝湛蓝的天空,默默地祝吴先生一路走好……

文化人的"死"与"生"

　　吴冠中是一位著名的画家，但我更熟悉他的散文。记得我在初中时，父亲订了《人物》杂志，常常让我看里面的一些文章，以此来激励我进步。吴冠中的散文《他和她》就是其中的一篇，那时候，我就被深深地打动了。我当时那么小的年龄，却一次又一次地看着这位老人的自我介绍，心中如同盛开了一朵最艳

吴冠中画作（一）

吴冠中画作（二）

丽的鲜花——饱尝艰辛，通过奋斗，最终达到辉煌！这是吴冠中的辉煌，也点燃了我内心的向往。

《他和她》，最吸引人处就是真实情感的宣泄。吴冠中用饱蘸情感却又非常朴实的文字，讲述了他和妻子数十年相濡以沫的生活以及在艺术道路上的坎坷经历。几十年中，吴冠中及其妻子都有过"死而复生"的经历，其中情感和意志的挣扎与努力最让人动容。

第一次发生在吴冠中身上。"文革"初期，吴冠中得了严重的肝炎，同时痔疮又恶化，因之经常通宵失眠。妻子看到丈夫失眠得如此痛苦，便用手摸丈夫的头，说她这一摸就一定能睡着了。妻子从不撒谎，如今却撒起这样可笑的谎来，丈夫只感到无边的悲哀。于是，吴冠中索性重又任性作画，自制一条背带托住严重的脱肛，坚持工作，决心以作画自杀。

生命到达这样一种境况，着实令人心伤。吴冠中更多的是不甘心。他早年在国内艺术学院毕业后，考取了公费留学。他非常自信,但回国后自己的学术观点却总遭到压制、批判,后来还被排挤出美术学院,又遭遇了"文革"……在病中,他听说留学巴黎的老同学已成为名画家,回国观光时作为上宾被周总理接见,更加感到命运的不公。他要抗争!尤其是生命已绝望的时候,他要忘掉一切地进入他的艺术世界。

于是,吴冠中在病重时开始不分昼夜地工作,常常一干就是十几个小时。

令人振奋的奇迹出现了,吴冠中竟然起死回生。"他的健康居然在忘我作画中一天天恢复,医生治不好的肝炎被疯狂的艺术劳动赶跑了。"

在这个过程中,吴冠中的妻子,"面对着病与贫她熬过了多少岁月,她一向反对他走极端,她劝他休息、养病,但她说不服他。而今他的极端的行动真的奏了效,她虽感到意外欣喜,但仍不愿他继续走极端,她要人,不要艺术,而他要艺术不顾人。"

吴冠中显然是愿意为艺术而生为艺术而死的这么一位非凡人物。但到了他妻子也面临死神威胁的时候,吴冠中的心境又有所不同。

1991年早春,吴冠中的妻子突然病倒,病情严重——脑血栓!此时的吴冠中最深刻地意识到妻子对他有多重要。他写道:"他和她无论失去了谁,都失去了所有的路,所有通向闹市或通向僻壤的路,通向荣誉或通向淡泊的路……"

上天眷顾。又一次奇迹出现,吴冠中的妻子病愈了。当接到她从病房打来的电话时,"他哭了,哭她复活了。人们哭死亡,哭生离死别,恐怕很少哭过复活。"

这便是情感丰富的吴冠中的心里话,他只是将心里话直接付诸文字，便成了感动人的文字……

时光荏苒，数年后到了 1997 年的 11 月，我正在北京流浪，住在圆明园附近。一天傍晚，得知吴冠中要在北京大学电教厅做讲演，我马上赶了过去。

直到现在，吴冠中那极具感染力的言语和动作仍能清晰地出现在我的脑海。

他讲起话来底气十足，讲到激动处双手挥舞着。

他喜欢石涛。

他对潘天寿充满了敬意，认为没有研究西方现代美术的潘老师，其作品却具有中国的现代感，也具备国际性的现代感，达到了高山之巅峰。

他无所忌讳地公开声称自己不喜欢张大千，因为张大千的作品多是模仿古人，缺乏创造力。

他再一次强调他的曾引起许多争议的惊人论点——"笔墨等于零"。

……

我并不完全赞成他的观点，但我却喜欢这样的个性。由于他的真，其闪光点远远超过了某些"偏执"。他的讲座是我记忆中最深刻的两次讲座中的一次，他的思想他的精神常常引起我的思索并激发我更加努力。

《艺海浮沉》书影

文化人的"死"与"生"

2010年7月，吴冠中画展在中国美术馆举行

此后，我时不时听到吴冠中的一些故事。例如：这个"倔老头"，固执地将自己不满意的画拿出来烧掉，由于他的画是如此值钱，以至于他每烧一幅作品，旁边的人都要心疼地说："他在烧房子。"有人告诉他，他的画又拍出了几千万的天价，他只是说："那些都与我无关。"他的老伴得了三次脑血栓，他陪伴着她，寸步不离地照顾着。他们相扶相携，幸福地走在落日的余晖……

再后来，我知道吴冠中仍然住在方庄的再简陋不过的小屋子里，却将自己的很多画作捐给了文化部门！

又过了一段时间，我采访了吴冠中的高足杨延文，杨先生也是画坛大家，他称吴老师就像他的父亲。

这是一个了不起的人！

吴冠中逝世于2010年夏天。也巧，我当时正在云南香格里拉旅游，在一家老字号里，同行的师友们正在挑选精美的礼品，我却突然间在旧沙发上看到一张报纸，上面赫然刊登了吴冠中先生去世的消息，心中不禁怅然，很久没有说话。我望着湛蓝湛蓝的天空，默默地祝吴先生一路走好……

主要参考资料

吴冠中：《艺海浮沉》，商务印书馆国际有限公司，2010年。

吴冠中口述　燕子执笔：《吴冠中百日谈》，东方出版社，2009年。

范用（1923—2010）

范用的"走"与"未走"

  2011年，纪念范用先生的图书《书痴范用》、《书魂永在——范用纪念文集》由人民出版社和生活·读书·新知三联书店共同出版，这是人们对他的怀念，相信以后还会有许多爱书的人会怀念范用，会想起他大力提倡的"读书无禁区"，会继续在他编辑过的好书中汲取丰富的精神力量。这样，范用先生似乎并没有走，依然在世间保留着他温暖的脚印。

文化人的"死"与"生"

2010年9月21日下午得知范用先生走了，心里顿时感觉空空的，很惋惜，一种说不出来的感觉。

范用先生是出版界的老前辈。曾是人民出版社、三联书店的掌舵人。创办了《读书》、《新华文摘》这样第一流的杂志。挖掘出版了像《傅雷家书》、《随想录》、《牛棚日记》等许多世人熟知并影响了几代人的图书。

他有许多朋友，像夏衍、巴金、丁聪、王世襄等人都是他非常好的朋友。

他将自己的生命与朋友们连在一起。当朋友们一个一个离开人世的时候，范用感到了发自心底的悲哀。

范用先生去世前不久，我在《文汇读书周报》上看到写范用近况的一篇文章。他感觉很孤单，而且生病了，背朝里，不愿意跟人说话。

这跟我脑海中的范用不一样。我脑海中的范用是热情的、朴实的、待人诚恳的。他朋友很多，他很愿意和别人甚至陌生人交流。

几年前，我曾向范用先生约稿。我给他打电话，客气地问："是范用老师吗？"他马上回答："我是范用。"然后，他认真地写了一篇文章《在八年抗战中成长》，给我寄来。没过几天，他又给我来了一信，希望在原稿基础上加一段话。他这样写着：

请在"有一个高高大大的罗炳辉"这一段中加上："彭雪枫有一本《游击队的政治工作》在读书生活出版社出版。我不知道什么叫'政治工作'，只会唱《游击队歌》：'三个五个，一群两群，在平原上，在高山岭。我们是游击队的弟兄，化整为零，化零为整，不怕敌人的机械兵。'彭雪枫笑眯眯听我唱。"

他的文章简短，写得生动有神韵，文章很好，我个人非常喜欢，可惜文章风格与我编辑的刊物不大一致，篇幅也太短了一些。杂志主编希望呈现更多的史实。

我硬着头皮把他的文章退回去，并请他修改一下。我担心他会生气，或就此不再理会我。但没过几天，他就认认真真地又写了一篇文章，并工整地抄在了稿纸上，还给我来了一封信，说：

建安先生：

我重新写了一篇，拟同时寄给你刊和上海文汇报，他们也要我写一篇与抗战有关的文章。我写不出。这样处理是否妥当？如不合用，弃之可也，不必寄回。

暑安

范用

七、十

范用给本书作者的信件

这便是范用先生的认真之处。我将他的文章发表后，给他寄了样刊和不多的稿费。后来，我曾想去采访他，但总是因自己的懒惰或这样那样的原因没有去。即便如此，短暂的交往，范用这位老先生在我心中留下了很好的印象。——就是一种感

文化人的"死"与"生"

觉,感觉他的为人很好!我常在书店中看到他新编的书,多是那种内容精练而朴素、简短而丰富的书。

2010年9月21日傍晚,我去了生活·读书·新知三联书店,在书店最显眼的地方,我看见已摆上范用自己所写或所编的图书,有《我爱穆源》、《凭画识人》、《我很丑也不温柔:漫画范用》、《爱看书的广告》等等。还有一张朴素的纸,纸的左上角是范用带着笑容的照片。纸的正中写着"大家已去风范犹存"八个大字,最下面写着:"著名出版家范用先生于9月14日17时40分逝世,以此陈列表示缅怀之情。"照片的下面写着"匆匆过客,终成归人",右侧是巴金的话:"愿化作泥土,留在先行者的温暖的脚印里。"这是对范用一生的最好的概括。范用本人曾发表《泥土·脚印》、《泥土·脚印续编》这样的作品,他是甘为泥土的,他也确实成为了出版界丰厚的土壤。

不久,又在《读书》杂志2010年第10期见到了"悼念《读书》创始人——范用"的文字,见到了他生前自拟的讣闻:

家父范用(鹤镛)于 月 日 时分辞世。遵从他的嘱咐,不追悼,不去八宝山,遗体捐供医用。他留下的话:"匆匆过客,终成归人。在人生途中,若没有亲人和师友给予温暖,将会多

生活·读书·新知三联书店陈列范用作品,表示缅怀之情

寂寞，甚至丧失勇气。感谢你们！拥抱你们！"

2011年，纪念范用先生的图书《书痴范用》、《书魂永在——范用纪念文集》由人民出版社和生活·读书·新知三联书店共同出版，这是人们对他的怀念，相信以后还会有许多爱书的人会怀念范用，会想起他大力提倡的"读书无禁区"，会继续在他编辑过的好书中汲取丰富的精神力量。这样，范用先生似乎并没有走，依然在世间保留着他温暖的脚印。

《书痴范用》书影

主要参考资料

吴禾编:《书痴范用》，人民出版社 生活·读书·新知三联书店，2011年。
范用:《在八年抗战中成长》，出自《纵横》第8期。
《读书》杂志2010年第10期。

白修德（1915—1986）

白修德：报道河南大灾荒的美国记者

　　河南的人间惨剧令白修德的神经大受刺激。他看到死亡中挣扎的人们，饥饿的村民想要把他从马上赶下来，以便可以吃他的马。他听到人吃人的故事，听到村民勒死孩子然后吃掉的故事。他了解到当地政府对河南的旱灾不仅不能提供帮助，反而还想着法子从不存在的农民那里征税……遍地的饿殍仿佛在向他述说，促使他写出了《人吃人的河南灾荒》。

美国记者白修德具有浓厚的中国情结。在中国这片丰饶的土地上，他开始了自己的事业，经过或无聊或压抑或疑惑或愤怒或刺激的多变的生活，从一位默默无闻的小记者变成世界级的大记者、颇有争议的政治问题撰稿人。

在这里，他亲眼目睹了许多重大的历史性事件，以自己独特的眼光看待中国问题，采写了数量众多、影响巨大的中国报道。

尤其是，他向世界报道了从1942年到1943年发生的河南大灾荒。

从哈佛到重庆

白修德（英文名字为 Teddy White），1915年出生于美国波士顿犹太人街区一个律师家庭。14岁时便失去父亲，家庭生活拮据，他不得不过早地品尝生活的重压，在道彻斯特的街车上卖报，以此来承担部分家务以及学费。19岁时，他以优异成绩考取奖学金，进入富有盛名的哈佛大学学习历史，翌年转到该校的燕京学院专修汉语和中国历史，在汉学家费正清的指导下研究中国文化及社会政治。

哈佛校园美丽而安宁，白修德在此度过数年美好的光阴。他个子瘦小，头发黝黑，貌不惊人，但聪明勤奋，在学习上很有天赋，由此获得费正清夫妇的喜欢，视如己出，关怀备至。毕业时，白修德成绩优异，具备了丰富的汉学知识，并学会以历史学者的观点来分析社会现象。由于当时的汉学研究不景气，再加上白修德身上很少有那种学院派的习气，留在学校反而不太合适。费正清从白修德身上看到了他所认识的记者斯诺的影子,觉得自己的高足最好是到新闻行当里闯世界,而且要想很好发展,最好是到中国。于是,他把白修德叫到家中,说出了自己的想法,建议学生去中国,而且他可以代为推荐。白修德一听,喜出望外,那个遥远而神秘的国度早就吸引了他,如今机会就在身边。不过,费正清告诉白修德,到中国恐怕必须过一段苦日子。接着费正清严肃地看着自己这位学生,看他有何反应。白修德没有一点退缩,马上告诉老师,自己是吃苦长大的,只要能实现梦想,有所作为,吃点苦又算什么呢。费正清满意地点点头。

1939年,白修德怀揣着老师的举荐信,兴冲冲地前往中国,首先在上海找到驻华美国记者J.B.鲍威尔,接着由鲍威尔推荐给国民党宣传部副部长董显光。董显光正在物色人选,来帮他在重庆严密的检查条件下控制外国记者,白修德被选中。于是,追求报道自由的白修德无意中成为一名宣传官员,其任务是向外国报纸提供由国民党编造的虚假新闻。

当然,此时初出茅庐的白修德并不十分清楚自己的角色,他也根本不知道自己以前在美国所了解的中国情况,正是由国民党严格的检查制度下所筛选篡改的报道。当时的美国一味地吹捧蒋介石政权,所有的报道也基本上遵循这一思路,于是白修德与其他许多美国人一样,认为蒋介石是一个值得尊敬的中国领袖,领导着自由中国单独作战,那些从日本占领区逃出的中国人,流亡到安全可靠的中国西部,带去了所有的财产物资,如牲畜之类的东西以及工业设施和大学档案等等。怀着这种想法,白修德乘飞机到达重庆,充满好奇地观察这个几乎是一片废墟的城市。

文化人的"死"与"生"

刚到重庆的日子是艰苦而刺激的。还不到一个月,白修德便亲身经历了1939年5月的大轰炸。天空中突然布满了日本的轰炸机,不到一分钟就扔下炸弹,城里一片混乱。等轰炸过后,白修德从岩石下面爬出,在返城的途中耳闻目睹了人间惨剧:"人们可以听到,火舌吞噬竹子发出的噼啪噼啪声;到处一片嘈杂,女人号啕大哭,男人呼喊,小孩嚎叫。""有人靠着山岩坐着,或者躺在地上,在那里呻吟。我听见后巷里发出喊叫声,有几次我看到人们从山坡上的小巷里冲到大街上,衣服上燃着火,于是,他们在地上打滚,想把火熄灭。"恐惧降临重庆,同时也降临到这位在和平环境中长大的美国小伙子身上。他以一种既害怕又紧张的心情观察着周围的环境,并对日本人充满了仇恨,把日本人看作自己的敌人。他曾这样写道:"以前,南京和上海也遭受过轰炸,但是,那些轰炸都是属于战争性质的。在古老的重庆城墙之内,根本就没有军事目标。日本人精心选择,蓄意要把重庆夷为平地。对于城里的所有人民,是想挫垮他们那种不可理解的精神;对于政府,是想摧毁它的抵抗,摧毁它在重庆郊区建立的收容所。从那时起,当我们轰炸日本时,我从未产生过一点内疚之感。"

重庆市区对日本的空袭完全没有防备,因此遭受了想像不到的损失。但日本人的野蛮行为不能使中国人屈服,反而很快激起强烈的愤慨以及前所未有的团结精神。人们的活力迅速焕发出来,挖掘防空洞,重建家园,建立警报系统……此后,每当日本前来空袭时,重庆居住的人们便能提前得到警报,安全地进入防空洞。白修德自然也不例外。

此时,住在重庆的美国记者不过两名。因此,当美国国内新闻界有人对重庆事态感兴趣的时候,白修德的机会也随之降临。

幸运之神的眷顾

首先对重庆投注巨大兴趣的美国新闻界巨子是《时代》杂志的创办人、出版商亨利·卢斯（Henry Luce），这位传教士的儿子是在中国长大的，故对中国怀有深厚的感情。在中国形势越来越严峻的时候，卢斯认为有必要派人在重庆发回连续的报道。1939年6月，新聘担任《时代》远东主编的约翰·赫西（John Hersey）受命飞往重庆，在当地记者中物色一位可靠的提供信息的人员。他找到了在重庆仅有的两名美国记者德丁与马丁，结果二人都向他推荐白修德。白修德因此一跃成为《时代》驻重庆的特派员，领取高额的薪水，并继续在国民党的宣传部任职数月。

宣传部的工作使白修德具有别人无法比拟的优越条件，他可以使邮件很容易地躲过检查人员的眼睛，从而将一些真实的情况源源不断地输往美国。例如他曾在给约翰·赫西的信中提到国民党的财政部长孔祥熙，活灵活现地描述为："那个肥胖、双下巴、大腹便便的老头，所谓孔夫子的后裔。"有时候，他也不免窥探宣传部的一些内情，这使得董显光等人十分生气。当白修德决定将视线扩展到重庆及国民党之外时，他辞去了宣传部的职位，与董显光友好地分手。然后，他便迫不及待地前往山西，要亲眼看看抗日战争。

山西之行使白修德受益匪浅，他整天骑在马上穿越战场，一视同仁地采访共产党和国民党士兵，目睹了活跃在中国农村的共产党游击战，写出了大量丰富多彩的第一手材料，并以历史学者的态度将那些已经写在报道中的笔记补充到文章中。他发往美国的材料生动而翔实，受到卢斯的高度重视。白修德因此获得了相当高的荣誉。尽管白修德从山西寄回的报道被赫西改得面目全非，但大量的事实被刊载到《时代》上，而且文章仍以白修德的名义发表，白修德很快声名大振。

20世纪三四十年代，《时代》是美国乃至世界最具影响的杂志。由于它的盛誉，白修德的地位也一步登天。他在重庆是《时代》的代表，于是被视为与驻外使馆人员有着相似身份的使节，常常受到外交官等名流的邀请，出入于上流社会。有着这样的身份，再加上白修德本人的素质——出色的口才，敏捷的思维，勃勃的生机，燃烧的热情，他很快成为一些重要人物的座上客，与外交官克尔爵士、史迪威将军、陈纳德将军、麦克阿瑟将军等权贵建立了友好关系。他的前程一片光明。

但是伴随着白修德对中国问题的深入考察与思考，他的情绪却变得越来越沮丧。他必须忍受重庆阴冷、厚重的天气，必须在大轰炸中躲进憋闷的防空洞，这些尚在其次，更令他难以忍受的是国民党宣传部的新闻封锁以及国民党政府所暴露出的无能，他在1941年1月11日写信告诉费正清：人越在这里待下去，就变得越狼狈。在这里要经过三个阶段。第一阶段，你所看到的到处都是肮脏和污秽；第二阶段，你得接受这些肮脏和污秽，因为你看到善良勇敢的人们，在克服一切困难为这个国家而奋斗。第三阶段，在这些善良和勇敢背后，你看到的是腐败、贪污、阴谋、管理荒唐、怯懦、官员的贪婪。于是，人便不得不开始怀疑。怀疑之后便是挫折。我认为我比这座城市里的任何人更为了解这个国家的现状，但是了解却派不上用场。

我们不能说出我们今天所了解的真相，因为这会伤害我们正在努力帮助的一个民族；而等到了明天，人们却又不会再对我们必须说出的一切有任何兴趣；不管如何，希望这不是真的。

很显然，此时的白修德尽管宣称自己最了解"这个国家的真相"，而事实并非如此。他只看到了一部分，而且他认为"不能说出真相，因为这会伤害我们正在努力帮助的一个民族"，这表明他对国民党的新闻封锁还存在某种"理解"，而他对蒋介石及国民党仍寄予很高的期望。

白修德没有不良嗜好，这使他能够以充足的精力投入到工作，因此工作得更加出色。1941年，白修德担任《时代》周刊驻重庆的记者。接着，他受命跑遍整个东南亚，包括法属印度支那、泰国、马来西亚、爪哇（当时是荷属东印度群岛的一部分）、菲律宾和中国香港。此次活动为他建立了相当广泛的关系。其中，最有收获的是他在马尼拉采访麦克阿瑟将军，采访文章刊登在《时代》杂志上，获得巨大的成功。在马尼拉期间，白修德被《时代》聘请为全职全薪记者，随即收到一千美元的奖金。等他准备返回中国时，他又收到一个可以随时回纽约任职的邀请。白修德的工作得到了全面认可，同时远离了贫穷。

幸运之神眷顾着白修德，当《时代》周刊的创办人卢斯携夫人于1941年访问中国时，白修德本人就在重庆机场迎接他们。卢斯在美国具有举足轻重的地位，在新闻界呼风唤雨，而且一向支持蒋介石，因此，他的中国之行受到蒋介石的高度重视，并进行了周到的安排。可是，白修德却不管蒋介石那一套，他带着卢斯到处转，与卢斯乘坐黄包车到闹市区与市民交谈，告诉卢斯很多在美国想都想不到的事实真相。他还无所顾

文化人的"死"与"生"

忌地描述着孔祥熙的贪婪,特务头子戴笠的险恶,以及新四军皖南事件的内幕等等。他的敏捷的思维,滔滔不绝的讲说,新鲜的话题,使卢斯备感兴趣。等卢斯离开中国的前两天,他已经决定聘白修德担任《时代》的远东主编。这对白修德非常重要,在当时犹太人备受歧视的美国,白修德却以他的才华闯入了美国文坛的主流,这是他的荣耀。

真实的声音

白修德与卢斯返回美国,几个月后白修德重新回到中国,中国的形势已发生更大的变化。国民党的新闻检查制度变本加厉,使在重庆的外国记者几无用武之地,成半囚禁状态。而国民党政府的日益腐败,严重的通货膨胀又使得记者们如鲠在喉,不吐不快。白修德也受到压抑,他感到重庆已没有一点生趣。这种压抑的生活使白修德产生更多的怀疑,到1943年1月他与一位同行采访过河南后,所有的怀疑与压抑便成为火山的熔岩突然间迸发了出来。

河南的人间惨剧令白修德的神经大受刺激。他看到死亡

1942年6月1日,《时代》封面上的蒋介石照片

中挣扎的人们，饥饿的村民想要把他从马上赶下来，以便可以吃他的马。他听到人吃人的故事，听到村民勒死孩子然后吃掉的故事。他了解到当地政府对河南的旱灾不仅不能提供帮助，反而还想着法子从不存在的农民那里征税，当时每亩只能收获 15 斤粮食，而政府抽税即达 13 斤。那些从外省弄来的提供给河南饥民的粮食，则被军队扣下，以至于军队粮仓里堆满过剩的粮食，而能够到达灾民手中的食物都是通过黑市……河南的现实太黑暗，太残酷了。白修德从随处可见的死尸身边走过，遍地的饿殍仿佛在向他述说，促使他写出《人吃人的河南灾荒》，里面不乏令人震惊的细节："一些人躺在沟里，一动不动。我们把一两人摇一摇，看他们是否仍旧活着。其中有一人微微动了动，我们将一张大钞票放在他的手里。他麻木的手指握住了这票子，但只是一个反射动作而已。接着，他的手指慢慢张开，票子在他摊开的手掌上抖动。另外一人躺在那里呻吟，我们摇动他，想设法使他起来。他没有力气。我们求旁边一个女人帮忙，给她一张票子，可是当她伸手的时候，孩子跌下来跌在雪里，可怜地哭了。我们终于把这三个人都送到难民所，陪着我们的天主教神父说：'至少要让他们像人一样死去'。"在报道可怕现实的同时，白修德在文中指出，国民党政府和军队的横征暴敛贪污腐化，是加重这场灾难的重要原因。

采访完毕，白修德在没有返回重庆之前，便迫不及待地将这些令世人震惊的揭露稿件由洛阳发出，避开国民党的检查系统，直接传到纽约。紧接着，此报道在《时代》杂志上发表，然后又在美国各地报刊登出，影响很大。当时，蒋介石的夫人宋美龄正在美国访问，四处游说以争取美国对蒋介

文化人的"死"与"生"

石的援助，而白修德的文章却仿佛向她当头泼了一盆冷水，她生气极了，要求《时代》发行人卢斯将白修德解雇。卢斯虽然亲蒋，但他拒绝了宋的要求。

稿件发出后，白修德仍然被河南的"梦魇"包围着，回到重庆后，依然神经紧张、压抑、难受。他写信告诉朋友："那些事情至今我也难以相信，哪怕战争结束后我也不能原原本本告诉别人。"他作为自由记者的真实正直的心灵被完全激发起来，他仿佛不做出点事便誓不罢休，于是他去找孔祥熙、何应钦等国民党高官，向他们反映他所见到的一切。当国防部长何应钦不承认军队克扣粮食时，白修德便大声与他争论。此事最终惊动了蒋介石，于是便有了白修德所描述的这段场景：

1943年3月1日，《时代》封面上的宋美龄照片

事情发展到我去见委员长本人。这个老家伙给我二十分钟时间。他像往常一样，面无表情，冷冰冰的。坐在昏暗房间里的大椅子上一直一声不吭，只是表示同意或不同意。开始，他相信我所报道的狗从土里扒出尸体的事情，于是，我就拿出福尔曼拍摄的照片给他看。接着，我告诉他，军队抢走老百姓的粮食，这个老家伙说这不可能。我说真的是这样。他便开始相信我，动笔记下我们旅程的时间、地点……

此后，蒋介石也确实采取了一些措施，河南灾情得到缓解。几个月后，一位一直在灾区的传教士写信给白修德，说："你回去发了电报以后，突然从陕西运来了几列车粮食……省政府忙了起来，在乡间各处设立了粥站。他们真的在工作，并且做了一些事情。军队从大量的余粮中拿出一部分，倒也帮了不少忙。全国的确在忙着为灾民募捐，现款源源不断地送往河南。在我看来，上述四点是很大的成功，并且证实了我以前的看法，即灾荒完全是人为的，如果当局愿意的话，他们随时都有能力对灾荒进行控制。"

转变与对抗

白修德撩开了国民党腐败的一角，并继续关注着中国。蒋介石与国民党在抗战中的无能表现使白修德越来越失望，他正在寻找新的希望。积极抗战的中国共产党引起白修德的强烈兴趣，他期望了解共产党的内部情况，想去延安得到可靠的消息，然而，这种想法受到国民党长期抑制。从1939年后的近5年时间里，国民党禁止中外新闻界访问解放区，直到1944年，经过多方面的斗争，蒋介石才被迫同意少数外国记者前往延安，白修德是幸运的一个。

1944年年底，白修德到达延安，惊喜地发现了一个新的充满生机和希望的世界。他把在这儿的所见所闻与重庆相比较，把他所见到的毛泽东与蒋介石相比较，得出一个结论，毛泽东所领导的中国共产党才是中国未来的希望。周恩来则以自己的风采将白修德完全征服。这位哈佛大学的高才生、美国新闻界的佼佼者发自肺腑地说:"在周恩来面前,我几乎完全丧失了判断问题的能力……我不得不承认,他完全征服了我。"

所有的一切都在发生变化,白修德与他的老板卢斯的分歧正不断加大。从20世纪30年代起,卢斯就是蒋介石的坚定支持者。如果在真实与新闻操作之间做一选择,卢斯倾向于后者。而白修德则不同。尽管二人曾有过很好的合作及很深的私人感情,尽管卢斯曾对白修德所提供的真实情况备感欣喜,但白修德的思想正与卢斯所遵循的美国政策越来越远。分歧在所难免。白修德曾想方设法避开国民党的新闻封锁,将真实的报道发回美国,但这些报道免不了被卢斯派人修改,许多报道被改得面目全非。

1944年,中缅战区司令官、蒋介石的参谋长史迪威将军离职返回美国,离职的一大原因就是他与蒋介石的失和。他认为,离开共产党的帮助,是不可能打败日本人的,这显然不能被蒋介石所接受。同时这一内幕被蒋介石严密封锁,不允许世人知道。史迪威非常愤怒,临行的前几天,特地将白修德以及另一位美国记者布鲁克斯·艾特金森叫到司令部,告诉他们外人所不知的内幕。为将内幕揭露出来,艾特金森专门随史迪威飞回美国,将这一独家新闻发表在《纽约时报》的头版,引起巨大的震动。艾特金森同时将白修德所写的报道交给《时代》。文章中,白修德将史迪威描写成一位英雄,并揭露蒋介石的腐败、堕落和独裁。可是,当卢斯拿到这一稿子后,却命令一个叫钱伯斯的编辑进行修改,"将之改编成一个充斥谎言、完全虚假的报道",完全歪曲了作者的本意。白修德愤怒极了,向卢斯提出强烈的抗议。反对共产主义的卢斯也正在疏远白修德,到1944年年底,白修德的文章已经无法在《时代》发表了。白修德并不因此改变自己的立场,他写信告诉卢斯:"如果你坚持现行政策,你就不仅错了,而且害了美国,也害了中国。"1945年日本投降时,《时代》周刊准备以蒋介石为封面人物予以大力宣传,白修德发电文批评卢斯:"如果《时代》明确地、无条件地支持蒋介石,我们就没有对千百万美国读者尽到责任。"卢斯则反过来抨击白修德太左,太靠近共产党。不久之后,白修德被召回美国。

　　白修德结束了数年的驻华记者生涯,他与卢斯正走向决裂,不过他不在乎,他此时最想做的事情就是将中国的真实情况报道出来,于是他与安娜丽合作,一鼓作气写下了他的最重要的著作《中国的惊雷》。此书涉及从抗战爆发到第三次国内革命战争开始的中国历史,对蒋介石国民党的腐败进行了无情的揭露,对于美国政府扶蒋反共的政策也表示了不满,认为"美国对华政策的历史,读起来就像一本《错误大全》撕下来的一页。"与之相反,他盛赞延安盛赞中国共产党,认为:"迄今为止,与国民党相比,共产党是光芒四射的。在国民党是腐化的地方,它是洁白的。在国民党是愚昧的地方,它是英雄的。在国民党压迫人民的地方,它给人民带来了救济。整个抗战时期该党用英明的领导,不仅抗击敌军,保护人民,而且使人民脱离古老的苦难,从而获得了权威。"此书出版后,受到西方新闻界的普遍称赞,美国每月新书俱乐部曾把该书列为最佳读物,推荐给它的百万读者。全国报刊杂志纷纷发表文章,进行系列评论。白修德之名又一次传遍美国,成为年轻记者的楷模,受到崇拜。卢斯虽然大骂白修德为"那个婊子养的犹太丑小子",并在不久后将白修德解雇,但他明白,白修德比他真实。而哈尔伯斯则评论:"卢斯很明白,白修德比他要正确。"美国著名的驻外记者索尔兹伯里认为此书"可与斯诺的著作相媲美",同时称赞作者非凡的写作才能和对真理不懈的追求。斯诺、费正清等人也均对此做了评价。

总之，白修德的报道为他赢得了巨大的声誉，使他成为名副其实的世界级的一流记者。然而，他本人也为此付出高昂的代价。他的护照曾被吊销，有过失业的经历，长期受到美国麦卡锡主义的政治迫害，受到公开的和秘密的审查达20年之久。1961年起，白修德首创以个人身份进行美国总统选举的专业报道，每年出版一卷《总统的诞生》，首卷即获美国最高新闻奖——普利策新闻奖，标志着他在美国新闻界的再度崛起。

白修德一直具有浓厚的中国情结，1972年尼克松访华，他是随行记者团中的一员。1983年，他又再度来到中国，故地重游，写了不少抒情文章。1986年，白修德因病去世，而他的经历及著作则成为一段独特的历史，供人们研究。

主要参考资料

白修德著 崔陈译：《中国抗战秘闻——白修德回忆录》，河南人民出版社，1988年。

彼得·兰德著 李辉、应红译：《走进中国》，文化艺术出版社，2001年。

李辉：《封面中国——美国〈时代〉周刊讲述的中国故事（1923—1946）》，东方出版社，2007年。

张功臣：《东方寻梦——旧中国的洋记者》，福建人民出版社，1999年。

雷颐：《历史的裂缝：近代中国与幽暗人性》，广西师范大学出版社，2007年。

下 卷

　　下卷部分，讲述一些亲朋师友间的交往，以及同道中人对于文化的承继与传播。这部分内容也许更能体现"死"与"生"的关系与内涵。

顾颉刚　　　　　　　　　钱穆　　　　　　　　　钱伟长

顾颉刚·钱穆·钱伟长

顾颉刚人品极好，不遗余力地推荐重用人才，钱穆就是因顾颉刚的推荐，成为大学老师，进而更上层楼，成为国学大师。多年后，顾颉刚又热心帮助钱穆的侄子钱伟长"弃文学理"，于是又出现了一位科学家、教育家。钱穆、钱伟长之所以成为举世瞩目的大家，主要由于他们自身的努力，但如果没有顾颉刚这样的伯乐，不知道钱穆、钱伟长会有怎样的人生轨迹？

钱伟长"弃文学理"

2010年7月30日上午6时,钱伟长先生在上海病逝,享年98岁。他是著名的力学家、应用数学家,国际上以其名字命名的力学、应用数学科研成果就有"钱伟长方程"、"钱伟长方法"、"钱伟长一般方程"、"圆柱壳的钱伟长方程"等等。他是著名的教育家和社会活动家,历任中国科学院院士、上海大学校长等职。他因卓越的贡献,而与钱学森、钱三强一起,被并称为"三钱",受到世人的尊崇。

钱伟长于1912年生于江苏无锡,16岁时父亲病逝,此后一直跟随四叔钱穆读书、生活。钱穆后来成为国学大师,而在当时,钱穆只是苏州中学的国文教员,靠着勤奋的自学和不凡的见识,不断著书写文,获得丰硕的学术成果。

在钱穆等人的熏陶和帮助下,钱伟长在文史方面打下了坚实的基础。但由于学习环境所致,钱伟长几乎没有受到理科专业的教育。

1931年9月17日,钱伟长考入清华大学。其考试成绩最好的是历史和国文。

历史试题是陈寅恪先生出的,考《二十四史》中各史的作者、卷数等。这是一个怪题目,不少人考了零分,而钱伟长平日里早对这些书很熟了,竟然考了个满分。名满天下的教授陈寅恪求才心切,深盼早日见到这位学生。

国文题目叫《梦游清华园记》。题目出得也很新颖。除文字能力外，还要考学生们的想象能力。钱伟长之前没有到过清华园，但其文采斐然，竟然在四十五分钟内写了一篇四百五十字的赋。文字精练，以至于出题的老师连一个字都无法修改，最后给了一个满分。

相比之下，钱伟长的其他四门功课，数、理、化、英文，一共才考了25分。

显然，钱伟长是以特长生被清华历史系录取的。就钱伟长的个人兴趣而言，他也是想学历史，尤其是古代史。

如此推论下去，中国史学界将出现一位了不起的人物。然而，就在钱伟长即将选课的时候，"九一八"事变发生，东北三省转瞬间被日本侵略者占领。这一噩耗使钱伟长一夜之间改变了想法。他认为，要救国必须首先学好科学。他决心"弃文学理"，报效国家，于是将目标选定为清华物理系。可是，清华物理系非常难进，特别是钱伟长当时的数、理、化成绩，想进入简直是天方夜谭。

钱伟长求助于已在北京大学任教的钱穆。但钱穆并不同意，说："我家一贯搞历史，我看你还是学历史好。"钱伟长见自己说服不了四叔，于是想到了顾颉刚。他知道钱穆很听顾颉刚的意见，所以拉着钱穆一起去找顾颉刚。

顾颉刚是钱穆的伯乐

顾颉刚成名比钱穆要早得多。当钱穆还是一名普通的中学教师时，顾颉刚已名满天下了。

顾颉刚是江苏苏州人，比钱穆大两岁，1920年即在北京大学任教，更在1923年独立思考，积极讨论，以批判的态度重新审视中国传统文化，并对古史古籍进行考辨，去伪存真，进而发表了"层累地造成的中国古史"的学术观念，从而一跃成为现代古史辨学派的创始人。顾颉刚的学术观点成为新的学术研究的根基，对传统研究进行了根本性的推翻与开拓，所以不仅在史学界发生了惊天动地的影响，而且在整个知识界引发了观念的革新，带动了学界的大辩论，有力地推动了古史研究的进展。其"疑古"精神则成为当时反封建思潮的一个侧面，影响面极大。不仅如此，顾颉刚也是中国历史地理学和民俗学的开创者。其地位在学术界、教育界举足轻重。

钱穆对顾颉刚的学说非常熟悉，当顾颉刚《古史辨》出版不久，钱穆即"手一册，在湖上，与之勉畅论之"。

顾颉刚

1927年，在无锡三师同事胡达人的推荐下，只有中学学历的钱穆转入苏州省立中学任教。在长期积累和思索后，撰写出早年最重要的著作《先秦诸子系年》。

一次，顾颉刚到了苏州，听说钱穆颇有学问，最重人才的他马上就在钱穆同事陈天一的陪同下，亲自到钱穆的住处与他见面。

钱穆有机会见到顾颉刚，自然非常高兴。二人一交谈，顾颉刚马上意识到钱穆的学识之高，不一定在普通大学老师之下。他见钱穆桌上放着《先秦诸子系年》书稿，非常感兴趣，便问钱穆："可否让我带走，以便详读。"钱穆当即答应。过了几天，顾颉刚对钱穆说："君之《系年》稿仅匆匆翻阅，君似不宜长在中学教国文，宜去大学教历史。"接着告诉钱穆，广州中山大学副校长曾嘱托他物色新老师，他决定推荐钱穆前去。同时，嘱咐钱穆为《燕京学报》撰稿。

《先秦诸子系年》书影

过了没多久，钱穆接到广州中山大学电报，聘请他前去任教。钱穆本人当然愿意到大学任教，但由于苏州中学校长汪懋祖的盛情挽留，钱穆暂时留在苏州中学。

又过了一段时间，识才爱才的顾颉刚再次将钱穆推荐到燕京大学任教。钱穆北上，正式成为著名学府的老师。之后，当钱穆不能在燕京大学继续任教的时候，又是顾颉刚将他推荐到北京大学任教。钱穆的命运由此发生了巨大的改变，他的舞台变大了，视野开阔了，探究学问的机会与时间增多了，由此在学术研究上打开了一片崭新而广阔的天地。如果没有这一巨大变化，钱穆很难成为影响那么多中国人的文化大师。

顾颉刚不仅是钱穆的伯乐，也是许多学界人士的伯乐。他在学术研究上不落陈规，以怀疑的态度探究被掩盖着的历史的真相。

顾颉刚人品极好，不仅不遗余力地推荐重用人才，而且有很强的容人之量，他明明知道钱穆所作的《刘向歆父子年谱》与自己的见解不同，但他不护自己的短，将钱穆的文章发表在自己主编的《燕京学报》上。

正因有这样不凡的学识和胸襟，顾颉刚赢得了包括钱穆在内众多学人的尊敬。

一个青年有选择志向的权力

前面讲到，钱伟长想要转学理科，拉着不赞成他意见的四叔钱穆去找顾颉刚。顾颉刚听了钱伟长的想法后，满口赞成。他对钱穆说："我们国家首先要站起来；站不起来受人欺，就是科学落后。青年人有志向学科学，我们应该支持。"钱穆听后，让步了。

然而还有一关更难。物理系主任吴有训坚决不答应，说钱伟长这个学生的物理太差了，不好补；历史系主任陈寅恪则到处打听钱伟长这个历史考满分的学生为何不来报到。

这种情况下，钱伟长的长辈兵分两路。一路由钱穆去陈寅恪那里商量，另一路则由顾颉刚去找吴有训。顾颉刚非常诚恳地对吴有训说："一个青年有选择志向的权力，他愿意为国家、民族学科学；他有困难，但他愿意学，坚持要学，他就能克服困难。他的条件自己清楚，比别人学得晚，是很吃亏的。但他有坚定的志向，我们对年轻人的志向只能引导，不能堵。"这些话打动了吴有训。

钱伟长本人也一天到晚找吴有训，表明自己的志向。一周下来，吴有训同意让钱伟长试读一年，一年后数理化成绩能达到 70 分，方可转为正式生。

果然，一年后，钱伟长达到吴有训的要求，而且在后来成为卓越的物理学家。

钱伟长何以能成才？是因为他有救国的志向，他将学习科学与救国、爱国的远大志向紧紧结合起来，从而创造了一个奇迹。

但是，如果没有顾颉刚，不知道钱穆、钱伟长会有怎样的人生轨迹？

主要参考资料

顾颉刚：《走在历史的路上——顾颉刚自述》，江苏教育出版社，2005 年。
钱穆：《八十忆双亲 师友杂忆》，生活·读书·新知三联书店，1998 年。
钱伟长：《以崇敬的心情来纪念顾伯伯》，出自《纪念顾颉刚先生诞辰 110 周年论文集》，中华书局，2004 年。

钱穆　　　　　李埏　　　　　严耕望　　　　　余英时

钱穆与李埏、严耕望、余英时

　　余英时亲眼目睹了钱穆在最艰苦环境下的办学经历，所以不仅在治学上多所收益，而且在做事为人上受到更多的教育。一年暑假，患了严重胃溃疡的钱穆，一个人孤零零地躺在一间空教室的地上养病。余英时问老师有什么事可以让他做，才知道此时的钱穆，内心里渴望读《王阳明文集》。最令余英时敬佩的是，钱穆无论在任何情况下都能无形地拥有自己的尊严。这份尊严，是内在修养形成的。李埏、严耕望无不深受钱穆学识与修养的熏陶，进而成为学界名师。

钱穆

钱穆，生于1895年，逝世于1990年。

钱穆是一位文雅学者，有人称他为最后的"士大夫"。

他以自己的学问和教学质量，成为中国第一流的学者和教授；他先后在小学、中学教书，后又在燕京、北大、清华、西南联大等中国最好的大学任教，并在香港创办新亚书院；他还同时著书立说，撰写了《国史大纲》、《先秦诸子系年》、《朱子新学案》、《黄帝》、《孔子传》、《秦汉史》、《国学新论》、《湖上闲思录》等许多影响深远的巨著，教育了无数的学子。

钱穆80岁时，撰忆双亲一文。83岁到84岁，撰《师友杂忆》。此二文合为一书，名叫《八十忆双亲 师友杂忆》，在生活·读书·新知三联书店出版。

钱穆撰写《师友杂忆》时，"双目已不能见字，信笔所至，写成一字即不自睹"。这样的状况下，此书写了约有18万字，下笔简练，文笔生动，而思想之活泼深刻，言行之大家风范，尤其能启发世人。

笔者前几年曾粗读此书，因其为文言文，涉猎又广，所以半懂不懂。但即便这样，仍是读得津津有味，对钱穆的学问与生活深为羡慕。例如，他提到在北大教书时，与汤用彤、蒙文通的一次畅谈，这样写道："文通初下火车，即来汤宅，在余室，三人畅谈，竟夕未寐。曙光既露，而谈兴犹未尽。三人遂又乘晓赴中央公园进晨餐，又别换一处饮茶续谈。及正午，乃再换一处进午餐而归，始各就寝。凡历一通宵又整一上午，至少当二十小时。不忆所谈系何，此亦生平惟一畅谈也。"又如，他提到与汤用彤、熊十力、蒙文通四人同宿清华大学一农场中的情景："此处以多白杨名，全园数百株。余等四人夜坐其大厅上，厅内无灯光，厅外即白杨，叶声萧萧，凄凉动人。决非日间来游可尝此情味。余等坐至深夜始散，竟不忆此夕何语。实则一涉交谈，即破此夜之情味矣。至今追忆，诚不失为生平难得之夜。"读到这些文字，宛若自己也身处其中，品尝着说不出的情味，享受不尽。

《八十忆双亲师友杂忆》书影

2012 年又重新翻阅此书，在极繁忙的工作状态中，每日抽空在乘地铁的途中阅读，边读边想，句句不肯轻易略过，于是觉得大有益，甚至于极疲劳的时候而得一种力量，在极喧嚣的场所得一种清静。书中详细记录了钱穆如何由一位中学生，靠着自学而成为国学大师的传奇经历，仔细阅读，能窥探到治学的门径。书中处处有前辈学人的逸事、风范，足令人称慕不已。

撰写完《师友杂忆》后，钱穆又在双目失明的状态下，以 84 岁到 92 岁的 8 年光阴，撰成《晚学盲言》70 万字的巨作，

221

文化人的"死"与"生"

对中西文化做一深透的解析，字字珠玑，令人不胜景仰。

钱穆的一生，是在书香中度过的。读钱穆的书，会品味到钱穆的精神世界——那种被文化深深渗透的内在神韵——他是如此地感染人，令人不由自主地叹道："我也想有这样的人生呢！"钱穆一生授业解惑，使无数学子受益。钱穆在台湾素书楼度过最后一次春节时，做一对联为："尘事无常，性命终得老去；天道好还，人文幸得绵延。"现以几位学生为例，讲讲钱穆的人文事业与精神是如何延续并发扬光大的。

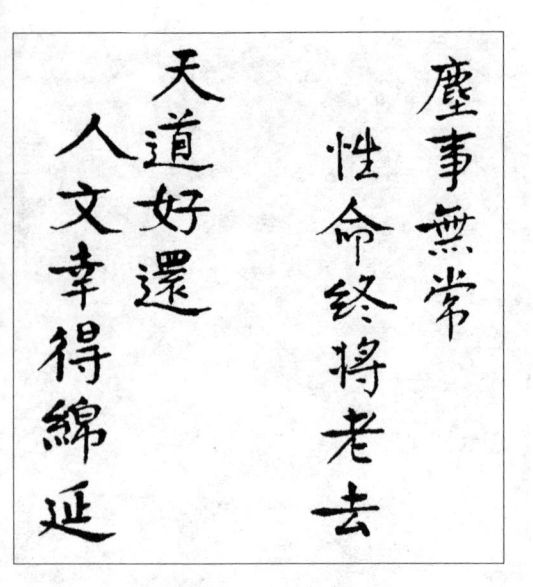

钱穆在素书楼度过最后一个春节时所做对联，由夫人钱胡美琦执笔

与李埏

李埏是钱穆在北师大和西南联大的学生。他是1914年出生的。1936年，李埏在北京师范大学历史系就读的时候，钱穆已是有名的北大教授。北师大历史系请钱穆兼课，讲授秦汉史，消息一公布，大家奔走相告。北师大文学院最大的一个教室能容二百人，钱穆登台讲课，除本校学生外，外校一些学生也闻风而来，把教室挤得水泄不通。这种状况，一直延续到学期末、课程结束。在李埏的记忆中：

先生讲课，从未请过一次假，也没有过迟到、早退。每上课，铃声犹未落，便开始讲，没有一句题外话。特别给学生们感受最深的是,他一登上讲坛,便全神贯注,滔滔不绝地讲。以炽热的情感和令人心折的评议,把听讲者带入所讲述的历史环境中,如见其人,如闻其语,永远留在我们的脑海中。我在中学时,已阅读过《通鉴》、《史记》和《汉书》;在读私塾时代,还背诵过《史记菁华录》以及《古文观止》中所选的秦汉文章,如《过秦论》、《治安策》、《贵粟疏》,等等。因此,初上课时,还自以为有点基础,并非毫无所知。不料,听了几次课后,我便不禁爽然自失。我简直是一张白纸啊!过去的读书,那算是什么读书呢。过去知道的东西,不过是一小堆杂乱无章的故事而已。我私自庆幸有机会遇到这样一位良师,闻所未闻,茅塞顿开,能多听一句教言也好。

　　每当下课,一些高年级同学陪着先生边走边质疑、请益,我也跟在后面侧耳而听。在这种时候,先生不仅解答疑难,而且还常常教人以读书治学之方。我觉得这比之课堂所讲,得到的益处有过之而无不及,真是难得的机会。

李埏

钱穆的学识与风采深深吸引着李埏,他渴望得到老师更多的教诲,但总是没有机会。有一次,他终于鼓足勇气单独求教钱穆,于是成就了两人长久的师生情谊。李埏回忆:

　　一天下课后,质疑的人不多,我便鼓起勇气,上前求教。先生诲人不倦,而且能导人使言,所以走到校门,

意犹未尽。平常,先生一出校门便雇车回寓。这天,因话未讲完,便不雇车,徒步沿林荫道边谈边走,一直走到西单。在西单,先生踌躇了一下,问我:"你下面有课吗?"我回答:"没有。"于是先生说:"那我们到中山公园去坐片刻吧。"到了中山公园,在来今雨轩坐下,先生平易地教导我说:"你过去念过的书,也不能说是白念。以后再念,也不是一遍便足。有些书,像史汉通鉴,要反复读,读熟,一两遍是不行的。你现在觉得过去读书是白读,这是一大进境。可是后之视今,亦犹今之视昔。古人说,学然后知不足,教然后知困,学无止境呀!现在你应该着力的,一是立志,二是用功。学者贵自得师,只要能立志、能用功,何患乎无师。我就没有什么师承呀!……"这番教言,真可谓金玉良言。去今虽五十多年,但每忆及,仿佛还在耳际。(李埏:《昔年从游之乐,今日终天之痛——敬悼先师钱宾四先生》)

为了得到钱穆更多的指导,李埏决心转学北大,并为转学考试做了充分的准备。他虽然因战争缘故未能转学北大,却于后来意外的在西南联大再次见到了钱穆,其激动可想而知。最重要的是,作为西南联大历史系的学生,李埏曾近距离地从学于钱穆,受益无穷。

在西南联大的时候,李埏曾陪同钱穆游滇中山水。由李埏接送、导游,分三天时间,游览了石林、芝云洞、大叠水瀑布等胜景。连上路途时间,前后有五日。此时,钱穆刚写完《国史大纲·引论》。他一见到在宜良迎候的李埏,就把《引论》的原稿拿出,递给李埏,说:"此稿前二日写完,是我南来后最用力之作。等从石林回来,我便要送昆明《中央日报》去发表。你可在此数日内先读一读。"李埏一听,大喜过望,当天晚上便挑灯快读一遍,中途又细诵一遍。《引论》的主要内容,钱穆曾在课堂上讲述。但课堂上受时间限制,只能简要地讲一讲,李埏领会得也有限。此次跟老师在一起,自己又成为这篇大作的第一位读者,李埏"口而诵,心而惟,认识乃有所加深,有所加广"。同时,一旦有问题马上请教,问题便迎刃而解,涣然冰释,李埏的学业因此大进一步。

钱穆是一位很会因势利导的良师,他抓住合适的时机,将最重要的心得面授李埏:"治史须识大体、观大局、明大义,可以着重某一断代或某一专史,但不应密闭自封其中,不问其他。要通与专并重,以专求通,那才有大成就。晚近世尚专,轻视通史之学,对青年甚有害。滇中史学同仁不少,但愿为青年撰写中国通史读本者,唯张荫麟先生与我,所以我们时相过从,话很投机。你有志治宋史,但通史也决不可忽。若不知有汉,无论魏晋,那就不好,勉之勉之!"这些教导,李埏将之作为座右铭,受益终身。

《国史大纲·引论》公开发表后,大家都讨论这篇文章,赞成者有之,反对者有之,有的人赞成其中一部分内容而反对另一部分内容……讨论之激烈,反应之强烈,实属罕见。钱穆对李埏说:"一篇文章引起如此轩然大波,是大佳事。若人们不屑一顾,无所可否,那就不好了。至于毁誉,我从来不问。孔子说得好:不如其善者好之,其不善者恶之。说到毁誉,不妨取王荆公《与杜醇书》一读。"李埏于是到图书馆读到了王安石的这篇文章,理解了老师做事原则是看是否合乎义,而不在乎世人的毁誉。这样的风范修养当然影响

225

文化人的"死"与"生"

着李埏。

钱穆离开西南联大之后，师生间虽然不在一起，但书信不断。李埏向远在苏州的钱穆写信求教，钱穆回信以"埏弟"相称，述及自己的近况，并继续教李埏如何治史。例如1939年8月26日的信中，钱穆告诉学生："师友间夹辅虽为学者要事，要之有志者自能寻向上去。望弟好自努力，益励勿懈！"1940年1月8日的信中，钱穆又说："惟有志者能自树立为贵，虽此隔绝，精神自相流贯，甚望弟之好自磨砺也！张荫麟先生年来专治宋史，弟论文经其指导，殊佳！"信中还夹有钱穆在上海时所摄照片，足见师生间的情谊。

1940年秋，李埏与王玉哲同时考入北京大学文科研究所。入学后，二人共同写信告知已在齐鲁大学的钱穆，钱穆很是欣慰，写长信给两位学生，除表达欣慰之情，介绍自己的近况外，特别在治学上鼓励学生，并针对二人的不同情况给予指导：

《国史大纲》书影

> 埏弟有志治宋史，极佳。所需《续资治通鉴长编》，当代访觅。惟此间旧籍，在最近一年来已颇难见，恐不必得耳。又，私意治宋史必通宋儒学术；有志于国史之深造者，更不当不究心先秦及宋、明之儒学。拙著《国史大纲》，对此两章著墨虽不多，然所见颇与当世名流违异，窃愿两弟平心一熟讨之。哲弟治吉金古文字学，深

恐从此走入狭径，则无大成之望。惟时时自矫其偏，则专精仍不妨博涉也。

钱穆治学，向来注重博采众长。每每著作问世，他便很注重来自各界的反馈意见，以便进一步修正和提高。他是真心如此，不掩盖对自己著作的自信心，但也特别注意批评意见。对自己的学生，他也希望能得到好的意见，所以在信中专门提到：

"史纲"成之太草促，然实穆积年心血所在，幸两弟常细心玩索之。遇有意见，并盼随时直告，俾可改定，渐就完密。最近一年内，拟加插地图，并增注出处及参考书要目，以后并随时增订。近人治史，群趋杂碎，以考核相尚，而忽其大节；否则空言史观，游谈无根。穆之此书，窃欲追步古人，重明中华史学，所谓通天人之故，究古今之变，以成一家之言者。本不愿急切成书，特以国难牂触，不自抑制耳。相知者当知此意。其中难免疏误，故望弟等亦当留心指出，可渐改正也。

李埏读过此信后，当真用心研究"宋儒学术"，同时一方面认真阅读《国史大纲》，另一方面遵照钱穆意思，在信中直言其欠缺处，并问了一些问题。1941 年，正在武汉大学讲学的钱穆给李埏回信，称："弟论《国史大纲》几点皆甚有见地。书中于唐、宋以下西南开发及海上交通，拟加广记述。其他如宋以下社会变迁，所以异于古代者，尚拟专章发之，使读者可以了然于古今之际。至问立国精神之衰颓于何维系防止，此事体大,吾书未有畅发,的是一憾。然此书只有鼓励兴发,此层当别为一端论之也。鄙意拟于一两年来,再为《国史新论》一书,分题七八篇,于宗教、政治、文学、艺术各门略有阐述。此刻胸中未有全稿,尚不愿下笔也。"

在这一封信中,钱穆也不忘记随时指导李埏这位高徒:"弟能研讨宋儒学术,此大佳事。鄙意不徒治宋史必通宋学,实为治国史必通知本国文化精意,而此事必于研精学术思想入门,弟正可自宋代发其端也。欧、范两家皆关重要。惟论学术方面,欧集包孕较广。弟天资不甚迟,私意即欧集亦可泛览大意。不如于宋学初期,在周、程以前,作一包括之探究。大体以全氏《学案》安定、泰山、高平、庐陵四家为主,或可下及荆公、温公。先从大处着手,心胸识趣较可盘旋,庶使活泼不落狭小。此层可再与汤先生商之。"这里的汤先生,是指汤用彤先生。

李埏在学术上的成绩,多与钱穆有关,他对钱穆有着最浓厚的感情。所以,当他在遵义的浙江大学任教,有一天突然知道钱穆应邀来此讲学一月时,心中的喜悦,无以言表。

那是在1943年,师生间分别已三年半了。此次相见后,李埏每天必见钱穆至少三次。遇到钱穆上课或有事时,李埏便整天陪侍在老师左右。李埏还遵钱穆嘱托,在钱穆讲课时作详细的笔记。等钱穆讲完五周后,李埏将所作笔记交给钱穆,对其日后撰写《中国文化史导论》起了很好的作用。

钱穆到浙大的第三天,浙大特为钱穆举行盛大的欢迎会。竺可桢校长主持,并致欢迎词,盛赞钱穆的学术成就和治学精神。接着,便邀请钱穆讲演。钱穆讲了大约一个半小时,内容是中国传统文化的特点。李埏注意到:老师的讲演,没有一句致谢之类的客套话。

在这段时间里，李埏经常陪钱穆散步游玩，并在轻松惬意的环境中得到老师的指导。他回忆："先生喜欢散步，每晨早餐后，由我陪从，沿着湘江西岸顺流南行；大约走一小时，再沿着去时的岸边小道回老城。这样的散步，除天雨外，没有一天间断过。先生总是提着一根棕竹手杖，边走边谈。先生说，他很爱山水，尤爱流水，因为流水活泼，水声悦耳，可以清思虑，除烦恼，怡情养性。沿湘江散步便有此乐。"钱穆对这段美妙时光也是记忆深刻，并在《师友杂忆》中有大段文字加以描述：

> 余尤爱遵义之山水。李埏适自昆明转来浙大任教，每日必来余室，陪余出游。每出必半日，亦有尽日始返者。时方春季，遍山皆花，花已落地成茵，而树上群花仍蔽天日。余与李埏卧山中草地花茵之上，仰望仍在群花之下。如是每移时，余尤爱燕子，幼时读《论语》朱注学而时习之，习，鸟数飞也。每观雏燕飞庭中，以为雏燕之数飞，即可为吾师。自去北平，燕子少见。遵义近郊有一山，一溪绕其下，一桥临其上。环溪多树，群燕飞翔天空可百数。盘旋不去。余尤流连不忍去。

朝夕相处，李埏对钱穆老师有了另一层的认识。有一天，李埏对钱穆说："当初在北平初听先生讲课，惊叹您的学识渊博。同学们都认为先生必定是整天埋头书斋，要不然怎么能如此渊博。到了昆明，您惜时如金，我们就更认为是这样了，所以常恨自己不能勤学。但现在先生长日出游，让我意想不到。

文化人的"死"与"生"

想不到您喜好出游,也是我们比不了的。我开始发现先生生活的另一面了。"钱穆听了,笑了笑,然后因势利导地告诉李埏:"读书时应当一意在书,游山水时应当一意在山水。乘兴所至,心无旁及。所以《论语》一开始就说,学而时习之,不亦悦乎。关键是一个乐趣。"又说:"读书游山,用功都在一心。能知道读书也就像游山一样愉悦,则读书自有大乐趣,所读之人自有大进步。否则,如果认为读书就是吃苦,游山就是享受,那就'两失'了。"一番话之后,李埏高兴地说:"今日从师游山读书,真是生平第一大乐事。"

钱穆非常重视在学习目的和学习动力上开导学生,他认为一个学生如果明确了学习目的,提高了学习兴趣进而形成志趣,那么这个学生就是真正教育好了。他一再强调"学史致用"的重要性,说:"学史致用有两方面,一是为己,二是为人。为己的意思,是自己受用。若不能受用,对自己的修养毫无作用,那何必学呢?为人就是为国家、社会。倘若所学对国家、社会毫无益处,那是玩物丧志,与博弈没有什么不同。"

应李埏邀请,钱穆讲述了家世与生平。钱穆刻苦自学的经历深深地感染着李埏,他不由自主地说:"若夫豪杰之士,虽无文王犹兴,先生可以当之了。"三年后,李埏把钱穆的生平事迹写成文章,发表在昆明的《民意日报》,鼓舞了许多学子。

在交谈中,钱穆也能从李埏处获取养料。有一次,钱穆问李埏近日读什么书。李埏回答:"刚看完一本克鲁泡特金的《我的自传》。克氏是安那其主义巨子,我虽不赞成那种主义,但对克氏其人甚感兴趣。"钱穆一听,便向李埏借读此书。读了以后,也是很感兴趣。他让李埏为他找一些关于安那其主义的书，然后边看边对李埏说："安那其主义与中国先秦道家思想，有可比较之处。"此后，钱穆就这方面的比较，连续给李埏讲了两三个早晨，并写了《道家与安那其主义》一文，刊登在《思想与时代》杂志上。李埏又一次感受到老师随时学习随时进步的精神，也将思路进一步地拓展开来。

短短一个月，李埏受益何其多哉！浙大的学生也是获益很多，他们舍不得钱穆离开。校长竺可桢殷勤劝说钱穆长期留任，但钱穆以主持齐鲁研究所的缘故不能不离开。离开前，钱穆特书写杜甫的一首诗赠送李埏：

当代论才子，如公复几人。骅骝开道路，鹰隼出风尘。
行色秋将晚，交情老更亲。天涯喜相见，披豁对吾真。

师生二人惺惺惜别。

又过了三年，到1946年的时候，此时抗战已胜利，战时迁往昆明的西南联大等校北返，昆明的最高学府变得少之又少。云南大学、私立五华学院痛感缺少名师，试图多方延聘。他们知道已转至云南大学任教的李埏与钱穆交情甚厚，所以托李埏代为邀请。最后，云南大学、私立五华学院两校合聘钱穆。钱穆担任五华学院文史研究所所长，讲"中国思想史"，同时兼任云南大学教授，讲"中国文化史"。如此一来，钱穆、李埏师生又聚在一起。

此时钱穆身体不适，患了胃病。李埏见钱穆病得不轻，赶紧请中西医大夫医治。医生说，要治好此病，首要的是注意饮食起居。李埏因此决定请老师与自家住在一起，好时时服侍。为了使老师有一个好的环境，李埏四处奔波，最后租了唐家花

231

晚年钱穆

园中一小院房屋。租金虽贵,但环境清幽。平屋三间,李埏夫妇及其一幼子一幼女住在左边的房子,钱穆单独住右边的房子,中间为食堂。钱穆在此享受着"家中老人"的待遇,由李埏的妻子亲自烹调,胃病得以缓解。唐家花园是唐继尧的故居,山水佳木,曲径通幽,是个修养的好地方。园中有唐家专门的藏书之所,向来不对外开放。管理人员知钱穆大名,特地开放供其使用。只可惜时间未能长久,因为唐继尧的儿子从香港回来,决定雨季后收回出租的三院房屋,重修后作为他用。同时,钱穆老家无锡正创办江南大学,并一再托人聘请钱穆。又有人告诉钱穆:"老年必倍喜乡食,这也许是肠胃习惯的缘故。您现在的病,正适宜乡食。"钱穆最终决定离开昆明,回乡担任江南大学文学院院长。1947年9月至11月,钱穆又应云南大学及五华书院所请,在昆明作短期讲学。他再次乘飞机离开昆明时,李埏送至机场。二人握手告别,不料此一别竟成永诀!

李埏写文章纪念老师钱穆，文末称："1949年春，先生应聘赴广州华侨大学讲学，不久随校迁香港。到广州后，尚有一手示寄我。抵港后，音问遂绝。四十年来，相见唯梦寐中。先生归道山，亦不得执拂尽礼。终天之恨，竟成了终天之痛，伤已！"

李埏后来也成为中国著名的历史学家和教育家。他治学严谨，不轻信，不盲从，不自大，不自小。"治史明义"、"通史致用"是他治学的两大特点。他是中国土地所有制研究的重要代表，在货币经济史、唐宋经济史、云南地方经济史等领域均有重要成就。他还撰写了《中国封建经济史论集》、《不自小斋文丛》等著作。他尤其是一位令人尊重的好老师，正如他总结钱穆时说："我们这些授业者，对他的崇敬则尚有另一方面——同等重要的一个方面，那就是他首先是一位人师，一位好老师。"李埏也是这样做的。他执教六十余年，尤其注重言传身教，注重因材施教、因势利导，培养了许多杰出的人才。他还多次应邀到复旦大学、厦门大学等国内高校以及剑桥大学、牛津大学、伦敦大学等海外名校做学术讲学，促进了中西文化的交流。2008年5月12日，李埏病逝于昆明。

与严耕望

严耕望是钱穆另一位高足，也是胡适、杨联陞一致称许的史学大家，被余英时誉之为中国史学界的朴实楷模。

1940年，武汉大学历史系学生深感本校师资力量较弱，请求校方设法聘请一些名教授来校任教。钱穆因此得到武大

文化人的"死"与"生"

校长的信函，他虽没有答应长期任教，但应允讲学一月。1941年三四月间，钱穆为武大学生讲授"中国政治制度史导论"和"秦汉史"两课。其一大收获，就是发现和培养了像严耕望这样的学生。

钱穆讲课，擅长启发学生，把重要的心得讲给学生，让学生了解治学的门径。他在武大上的第一堂课上，就说："历史学有两只脚，一只脚是历史地理，一只脚是制度。"为什么这么说？因为中国历史内容丰富，各个时期都可以有大量的人物和事件可讲，但讲的人常常可以按照自己的才智自由发挥。唯有制度与地理，这两门学问都很专门，而且具体，不能随便讲。但这两门学问却是历史学的骨干。如果真正将这两门学问弄懂了，也就为史学研究打下了坚实的基础。

严耕望听到钱穆这样的开场白，兴奋无比，坚定了自己主要的治学方向。他说："因为我当时正对于这两门学问发生浓厚兴趣。那时大学毕业要写论文，我的论文题目是《秦汉地方行政制度》，已写成若干章。至于地理更是自小学时代就培养起来的兴趣，所以上一年（1940）元旦已写成《楚置汉中郡地望考》，更前一年的十一月写成《中国军事地理形势之今昔》。此刻听到先生这番话，自然增加了我研究这两门学问的信心，所以我后来几十年的努力，坚定不移的偏向这两方面发展。"

除在武汉大学讲学外，钱穆还接受一些校外团体的邀请做公开讲座。4月28日，钱穆在江苏省同乡会讲"我所提倡的一种读书方法"，严耕望也去听讲。他记住了钱穆所讲的主要内容："通人之学尤其重要。做通人的读书方法，要读全书，不可割裂破碎，……要能欣赏领会，与作者精神互起共鸣；

234

要读各方面高标准的书，不要随便乱读。……最后主要一点，读一书，不要预存功利心，久了自然有益。"在武大讲学结束后，历史系师生为钱穆开茶会欢送，钱穆勉励学生要眼光远大，要有整个三十年五十年的大计划，不可只作三年五年的打算。这两次讲话，对严耕望后来的治学都有不小的影响。

在武汉大学的学生中，钱穆对钱树棠、严耕望印象最好。他在《师友杂忆》中称："晚无电，两生常来伴余，问学甚勤。钱生（指钱树棠——编者注）学业为全班第一人，……严生（即严耕望——编者注）居第二名。……钱生博览多通，并能论断。严生专精一两途，遇所疑必商之钱生，得其一言而定。然钱生终不自知其性向所好，屡变其学，无所止。后余在无锡江南大学，钱生又来问学，仍无定向。及余来台，再见严生，已学有专精。而钱生留大陆三十年来音讯未得，亦每念之。"

武汉大学毕业后，严耕望到钱穆所在的齐鲁研究所当助理员，继续跟着钱穆就读。第二年秋天，钱树棠也到研究所报到。论才气天资，钱树棠远超于严耕望。例如，钱树棠在研究汉代的历史地理时，几乎可以背诵《汉书·地理志》中的郡县名称，

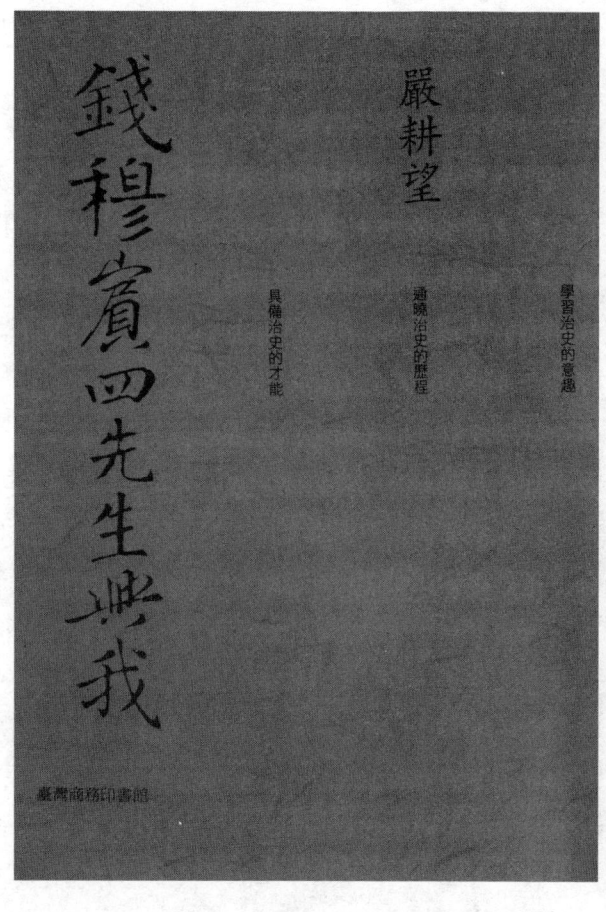

《钱穆宾四先生与我》书影

但他的兴趣点不断转移，最后反而没多大成就。倒是严耕望踏踏实实地沿着自己的主要方向做学问，虽然走的是"二流路线"，但最终有了"一流的成就"。

为什么讲"二流路线"和"一流成就"呢？

1942年9月28日，钱穆与严耕望、钱树棠等学生多人，徒步旅行。途中，钱穆谈了很多，其中涉及不少治学的原则和方法。严耕望认真听讲并在当晚写了两千多字的日记，其中有钱穆这样一段颇具深意的话：

> 我们读书人，立志总要远大，要成为领导社会、移风易俗的大师，这才是第一流学者！专守一隅，做得再好，也只是第二流。现在一般青年都无计划的混日子，你们有意读书，已是高人一等，但是气魄不够。例如你们两人（手指向树棠与我）现在都研究汉代，一个致力于制度，一个致力于地理，以后向下发展，以你们读书毅力与已有的根柢，将有成就，自无问题，但结果仍只能做一个二等学者。纵然在近代算是第一流的成就，但在历史上仍然要退居第二流。我希望你们还要扩大范围，增加勇往迈进的气魄！

显然，钱穆对严耕望有厚望焉！后来，严耕望虽然未能像老师一样成为移风易俗的大师，但他在研究人文地理和政治制度史的时候，能尽最大可能地汲取相关知识，运用或创造新的研究方法，使其成为这两项研究的集大成者，在国际学术界占有一席之地。

钱穆对严耕望的指导和帮助，体现在很多方面。其中，1955年的一次谈话，对严耕望后来的治学方向有决定性的影响。严耕望在撰述《唐仆尚丞郎表》的过程中，深感《新唐书》和《旧唐书》各有优劣，因此想对《唐书》做一彻底整理。这是填补学术空白并对学林有贡献的工程，但由于唐籍浩繁，如要有大收获，势必将毕生精力和时间都投入进去。与此同时，严耕望对"唐代人文地理"亦有很大兴趣，并在资料搜集方面做了很多工作。他打算从地理观点研究隋唐五代人文各方面的情况，而这项工程并不比前项工程小。鱼与熊掌，二者势难兼顾，但又难取舍，严耕望陷入徘徊。等写完《唐仆尚丞郎表》后，严耕望向钱穆请教。钱穆略作思考，对严耕望说：

你已花去数年的时间完成这部精审的大著作。以你的精勤，再追下去，将两部《唐书》彻底整理一番，必将是一部不朽的著作，其功将过于王先谦之于两《汉书》。但把一生精力专注于史籍的补罅考订，工作实太枯燥，心灵也将僵滞，失去活泼生机。不如讲人文地理，可从多方面看问题，发挥自己心得，这样较为灵活有意义。

这短短的几句话，使严耕望的疑虑顿时冰释。他马上决定放弃《新唐书》和《旧唐书》的整理计划，专心研究历史人文地理。直到钱穆去世后，严耕望还庆幸这一正确的选择。

书信中，钱穆也总是对严耕望多加指点，劝导他向学问的更高境界迈进。例如1972年2月23日信中，钱穆从大格局、高境界的眼光，告诉高徒："学问贵会通。若只就画论画，就艺术论艺术，亦如就经论经，就文史论文史，凡所窥见，先自限于一隅，不能有通方之见。"钱穆的一再劝导，对严耕

文化人的"死"与"生"

望影响很大。他在《治学经验谈》中，第一章专门讲述"原则性的基本方法"，第一条就郑重强调：治学要"专精"，也要相当"博通"。

有时候，钱穆会就自己的著作，让严耕望提意见。严耕望直言不讳，指出其优点、缺点，提出修改意见。例如，他在1952年就对老师的《国史大纲》提出意见："深感此书虽然极有创获，但写作草率，仍存讲义形式，宜当加工，增补修饰，臻于完整。"而20年后又读《国史大纲》，严耕望乃对老师的才识更加敬佩，并在日记中写道："此次校阅，比较仔细的看了一遍，得益不少，益惊佩宾师思考敏锐，识力过人。早年我即钦服宾师境界之高，识力之卓，当上追史迁，非君实所能及，再读此书，此信益坚。惜当时未能好好的写，只将讲义草草改就付印，不能算是真正的史著！……然即此讲义，已非近代学人所写几十部通史所能望其项背，诚以学力才识殊难兼及！"他在给学生做讲座的时候，也说："例如《国史大纲》，有人说只是根据二十四史而已。这话诚然不错，然而他（钱穆）能从人人能读得到的正史中提出那样多精悍的好看法，几十年来那样多写通史的人，不但没有一个能与比拟，而且真正是望尘莫及，才气学力的差距真是不可以道里计，这些处才能见出本事！"

严耕望深以为钱穆的弟子而荣，也处处提醒自己要自

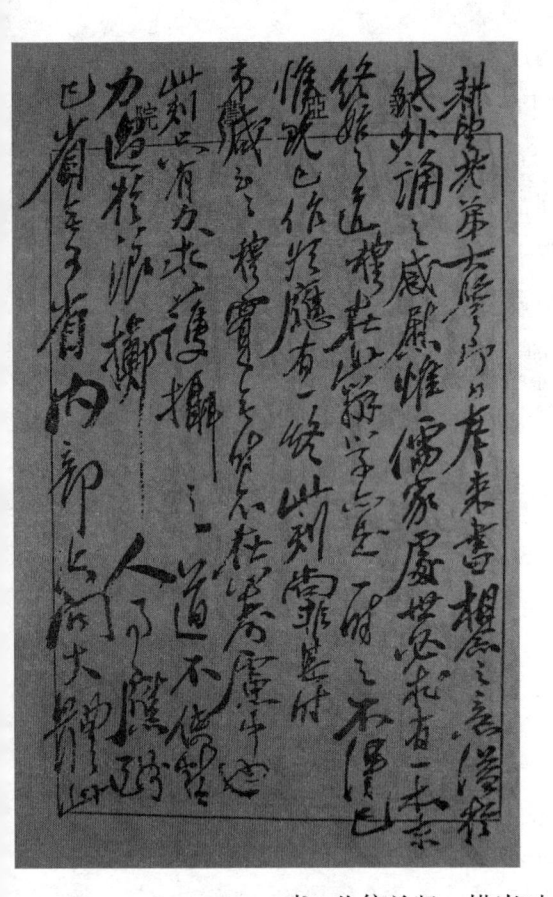

1962年3月19日，钱穆写给严耕望的信件

重，以维护老师的尊严。1945年，严耕望受傅斯年之聘到中央研究院史学所工作。史学所的高级研究人员，除了极少数是钱穆的同辈学人外，绝大多数都是傅斯年的学生。这些人已晋升到副研究员、专任研究员，而严耕望起初只是个助理员，与他们地位悬殊，而年龄也比他们小很多。按照常理，严耕望应该以后辈自处。但严耕望考虑到钱穆与傅斯年是同辈学人，自己当然与周围许多同事都是同辈。所以，他虽然客气礼让，但名分上总是以同辈看待，以免对老师钱穆有所伤害。

钱穆到香港后，筚路蓝缕，创办经营新亚书院，许多工夫花在了行政上。严耕望认为："兴学育才虽有功教育文化于一时，但那只要中人之资即可胜任。先生（钱穆）奇才浪掷，对于今后学术界是一项不可弥补的损失。"他为自己的老师而深感惋惜，于是给老师写信，直言："新亚既已办上轨道，有了基础，宜可摆脱，仍回到教研工作的老岗位，期能有更好的成就。"后来钱穆辞去新亚书院院长职位后，果然有《朱子新学案》等鸿著问世，为学术界做出大贡献。

钱穆与严耕望达到了无话不谈的地步。师生间情谊非常人可比。但就是这位高徒，也曾违背过钱穆的意愿。

齐鲁研究所的时候，师生间朝夕相处了三年，一直很融洽。只有一次钱穆命严耕望与钱树棠做某事时，两位学生没有及时应命。事后，严耕望很后悔，又得知老师很生气，便约了钱树棠去向老师请罪。钱树棠不敢去，严耕望说："自己老师，无论如何，都不能不去。"结果，见面后，钱穆竟起立，笑容满面地迎接这两位学生。二人深表悔意。钱穆这才语重心长地教诲道："我平日自知脾气很坏，昨日不愿当面呵责，恐气势太

文化人的"死"与"生"

新亚书院在香港桂林街旧址

盛，使你们精神感到压迫，伤了你们锐气。但昨日之事实不可谅。你们努力为学，平日为人也很好，所以我希望你们能有大的成就，但此亦不仅在读书，为人更重要，应该分些精神、时间，留意人事。为人总要热情，勇于助人，不可专为自己着想！"两位学生听了，心悦诚服。

1953年，钱穆在香港办的新亚书院，得到美国雅礼协会的协助，可以谋求进一步的发展。钱穆因此到台湾物色教师。严耕望是他心目中最合适的人选之一。严耕望当时的生活条件很艰难，一家五口，每顿饭只有一两碗蔬菜佐膳，于情于理，他都应该遵从钱穆的意旨到新亚工作。但严耕望却令人意外地拒绝了老师的聘请。他说："我所以要做那样不合寻常情理的决定，主要的是自己觉得学术基础尚未稳固，一到新亚，可能为先生所重用，不能再埋头做研究工作。当时先生可能尚有些不快,其实正是笃实先生教诲,以极大的定力,一心向学,不为任何外力所动摇!十年之后我才来香港任教,先生倒欣赏我的坚持,不只一次的拿我为例勉励青年!"由此可见,钱穆所希望学生的,不是他们唯自己是从,而是希望他们能坐得住冷板凳,能坚持自己的独立判断,能为学术尽力!钱穆的另一位高徒余英时对此也深有体会,他在《中国史学界的朴实楷模——敬悼严耕望学长》中写道:

哈佛和耶鲁(指美国哈佛大学和耶鲁大学——编者注)两度共学,我亲切地体认到耕望是将全副生命献给学问的人,真正达到了造次必于是,颠沛必于是的境界。这是一种宗教性的奉献,即以学问的追求为人生的最后目的,而不是实现其他目标的手段,宾四师对他知之最深,1973年6月给他的一封信上写:"大陆流亡海外学术界,二十余年来,真能潜心学术,有著作问世者,几乎无从屈指。唯老弟能淡泊自甘,寂寞自守,庶不使人有秦无人之叹!"

钱穆、余英时都是能理解严耕望的人。而严耕望也客观地意识到:"我虽然受到宾四师的影响极大,私人感情似也最密切,但在学术上,却不能算是先生的最主要的传人!因为先生的学问,从子学出发,研究重心是学术思想史,从而贯通全史,所以重要著作除《国史大纲》外,如《刘向歆父子年谱》、《先秦诸子系年》、《近三百年学术史》、《庄子纂笺》、《朱子新学案》都关乎学术思想,晚年自编文集,也以学术思想史论文为最多。至于制度与历史地理只是先生学术的旁支,所以这两方面的著作不多，也不很精。拿先生自己的话说，这两项学问只是他治史的两只脚，藉以站稳而已，不是主体。我在学术研究上，虽然极想达到通识境界，进而贯通全史，但始终只以制度史与历史地理见长；经济、社会与民族亦较注意；至于学术思想，不但非我所长，而且是我最弱的一环。先生门人长于学术思想史、各有贡献者甚多，余英时显然最突出，我只是先生学术的一个旁支而已。"

与余英时

余英时现在已是蜚声海内外的文化大师了。他于1950年到1955年师从钱穆，就读于香港新亚书院及新亚研究所。1956年至1961年，就读于哈佛大学。2006年，获美国国会图书馆颁发的有"人文诺贝尔奖"之称的克鲁格人文与社会终身成就奖。现任普林斯顿大学讲座教授，台湾"中央研究院"院士。

余英时眼中的钱穆，与李埏、严耕望有许多不同。余英时与钱穆的情谊是在患难中建立起来的。

1949年春，钱穆南下广州，任教于私立华侨大学。秋，随校迁往香港。10月10日，创办亚洲文商学院（夜校），任校长。1950年秋，亚洲文商学院改名新亚书院，钱穆担任常务董事、

严耕望《治史三书》书影

院长。此时的钱穆虽然名为院长，其实处境非常艰难。学院一切均为初办，人员、设备、资金均十分欠缺。钱穆不得不事事操心，一一筹备。余英时就是在这个时候见到钱穆的，他在《犹记风吹水上鳞》一文中回忆：

> 我第一次见到钱先生是1950年的春天，我刚刚从北京到香港，那时我正在北京的燕京大学历史系读书。我最初从北京到香港，自以为只是短期探亲，很快就会回去的。但是到了香港以后，父亲告诉我钱先生刚刚在这里创办了新亚书院，要我去跟钱先生念书。我还清楚地记得父亲带我去新亚的情形。钱先生虽然在中国是望重一时的学者，而且我早就读过他的《国史大纲》和《中国近三百年学术史》，也曾在燕大图书馆中参考过《先秦诸子系年》，但是他在香港却没有很大的号召力。当时新亚书院初创，学生一共不超过20人，而且绝大多数是从大陆来的难民子弟，九龙桂林街时代的新亚更谈不上是"大学"的规模，校舍简陋得不成样子，图书馆则根本不存在。整个学校的办公室只是一个很小的房间，一张长桌已占满了全部空间。……钱先生给我的第一个印象是个子虽小，但神定气足，尤其是双目炯炯，好像把你的心都照亮了。同时还有一个感觉，就是他是一个十分严肃、不苟言笑的人。但是这个感觉是完全错误的，不过等到我发

余英时《中国文化的重建》书影

现这个错误，那已是一两年以后的事了。

钱穆见到余英时，了解到他愿意放弃燕京大学的学业而转到新亚，便询问他的读书情况。然后说："新亚初创，只有一年级。你转学便算从二年级的下学期开始。但必须经过一次考试。"第二天，余英时按照钱穆的要求来考试。钱穆亲自主持，没有给余英时考卷，只叫他用中英文各写一篇读书的经历和志愿之类的文字。余英时写完后交卷，见钱穆当场看他的答卷。不仅看中文的，还看英文的。他很纳闷：钱先生是自学成才的，并没有受过完整的现代教育。怎么还懂英文？后来才知道，钱穆的英语也是自学的，因此多了一份敬佩之情。阅卷后，钱穆面带笑容，录取了余英时。

余英时亲眼目睹了钱穆在最艰苦环境下的办学经历，所以不仅在治学上多所收益，而且在做事为人上受到更多的教育。有一次看一场关于亲子之情的电影，总是能够以理智驾驭感情的钱穆，眼睛湿润了，他思念留在大陆的子女。一年暑假，患了严重胃溃疡的钱穆，一个人孤零零地躺在一间空教室的地上养病。余英时问老师有什么事可以让他做，才知道此时的钱穆，内心里渴望读《王阳明文集》，他要余英时去商务印书馆给他买一部。最令余英时敬佩的是，钱穆无论在任何情况下都能无形地拥有自己的尊严。这份尊严，是内在修养形成的。钱穆20世纪50年代初在香港连饭都吃不饱的情况下，他有这份人格尊严；在余英时已与钱穆很熟，并达到无话不谈甚至可以彼此幽默的情况下，钱穆的尊严仍然永远在那里，使他不可能有一分钟忘记。而在钱穆社会地位遽然上升的时候，钱穆同样没有改变，没有虚架子，而是一如既往地保持着师道尊严。钱穆"虽居乡僻,未尝敢一日废学。虽经乱离困厄,未尝敢一日馁其志。虽或名利当前,未尝敢动其心。虽或毁誉横生,未尝敢馁其气",这样的精神更是激励着余英时。

在新亚,钱穆还将自己的精神拓展为新亚精神,并凝练于他亲自作词的校歌当中。歌词如下:

山岩岩,海深深,地博厚,天高明,人之尊,心之灵,广大出胸襟,悠久见生成。珍重珍重,这是我新亚精神。

十万里上下四方,俯仰锦绣,五千载今来古往,一片光明。五万万神明子孙,东海西海南海北海有圣人。珍重珍重,这是我新亚精神。

手空空,无一物,路遥遥,无止境。乱离中,流浪里,饿我体肤劳我精。艰难我奋进,困乏我多情。千斤担子两肩挑,趁青春,结队向前行。珍重珍重,这是我新亚精神。

新亚精神感召激励着新亚的学子,余英时亦深受其益。

余英时称得上钱穆最得意的弟子,在治学方面深得钱穆真传,对钱穆的思想也有深层的理解。他认为:钱先生一生都在为故国

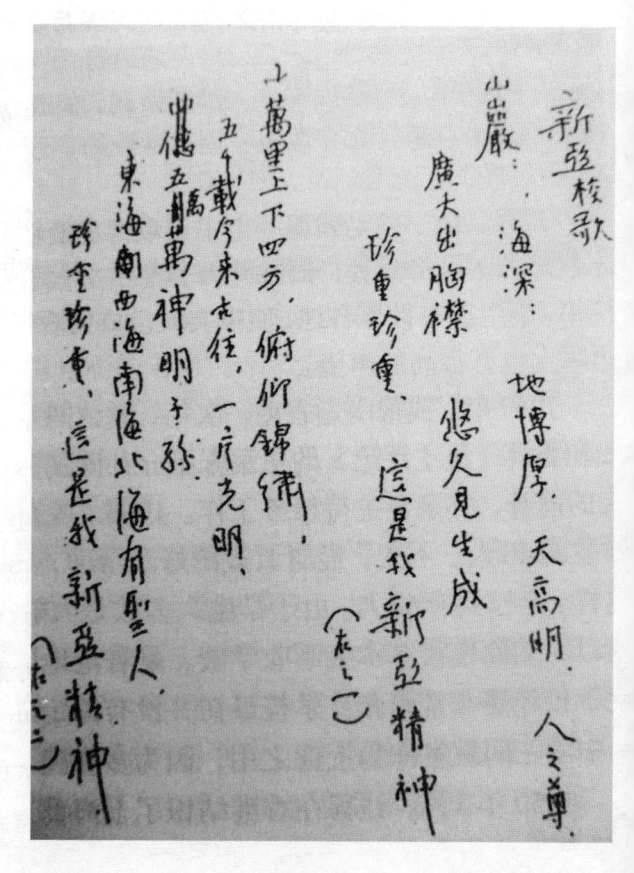

钱穆书写的《新亚校歌》(部分)

245

文化人的"死"与"生"

招魂。钱穆生于乱世,"16岁萌发爱国思想与民族文化意识,深入中国史","希望更深入地在中国史上寻找中国不会亡的根据"。"他一生为中国招魂虽然没有得到预期的效果,但是无论是世界的思潮或中国的知识气候都和五四时代大不相同了。钱先生所追求的从来不是中国旧魂原封不动地还阳,而是旧魂引生新魂。今天已有更多的人会同意这个看法。他曾说:'古来大伟人,其身虽死,其骨虽朽,其魂气当已散失于天壤之间,不再能搏聚凝结。然其生前之志气德行、事业文章,依然在此世间发生莫大之作用。则其人虽死如未死,其魂虽散如未散,故亦谓之神。'(《灵魂与心》页一一五)这段话完全可以用之于钱先生个人,但是也未尝不能适用于中国这一集体。在这意义上,我们应该承当钱先生的未竟之业,继续为中国招魂。"

钱穆一生对中国传统文化保持着温情和敬意,因此有人认为他很守旧,其实不然。余英时便深刻地感受到自己的老师是"开放型的现代学人,承认史学的多元性,但同时又择善固执,坚持自己的路向"。他在读钱穆《国史大纲》时,曾摘录其中精要向钱穆请教。钱穆说:"你做这种笔记的工夫是一种训练,但是你最好在笔记本上留下一半空页,将来读到别人的史著而见解有不同时,可以写在空页上,以备比较和进一步的研究。"此后,余英时不断就《国史大纲》中的具体论断向钱穆请教,请钱穆说明为什么要这样说,而不是那样说。钱穆一一回答。余英时渐渐明白:"原来老师多年在北大等校讲授中国通史的过程中,读遍了同时史学专家在一切重大关键问题上的研究文字,然后根据他自己的通史观点而判断其异同取舍。"这一重要的治学方法给余英时很大的启发。钱穆"以通驭专"、"先有整体的认识再去走专家的道路","一方面破除门户之见,一方面又尊重现代的专业",诸如此类,都给余英时重要的引导和启示。在新亚期间,余英时受到严格而正规的教育,使其成为品学兼优的学者。他说:在新亚的五年中,钱先生的生命进入了我的生命,从而发生了塑造的巨大作用。

1955年秋,余英时有机会以新亚书院助教的名义到哈佛大学学习,师从著名华人学者杨联陞教授,进入一个新的天地。但是,即便在这样世界一流的大学深造和工作,余英时仍然经常向钱穆请教,钱穆也在信中详加指点。例如,1960年5月21日长达4000余字的信中,钱穆就很多方面予以指导。其中就撰写论文体例方面即有四点阐述:

钱穆写给余英时的书信

关于撰写论文之体例方面,穆别有几项意见,供弟(钱穆信中对余英时的称呼——编者注)采择:①在撰写论文前,须提挈纲领,有成竹在胸之准备,一气下笔,自然成章。弟之原文,似嫌冗碎软弱,未能使读者一开卷有朗然在目之感,此似弟临文前太注意在材料收集,未于主要论点刻意沉潜反复,有甚深自得之趣,于下笔时,枝节处胜过了大木大干,此事最当注意。②弟文一开始即有近人言之已详，可不待再论云云，此下如此语例，几乎屡见不一，鄙意此项辞句，宜一并删去。③附注牵引别人著作有一〇七条之多，此亦是一种时代风尚。鄙意凡无价值者不必多引，亦不必多辩，论文价值在正面不在反面，其必须称引或必须辨白者自不宜缺，然似大可删省，芜累去而精华见，即附注亦然，断不以争多尚博为胜。④正文中有许多枝节，转归入附注，则正文清通一气，而附注亦见精华，必使人读每一条注语，若条条有所得，则爱不释手，而对正文弥有其胜无穷之感，万不宜使人读到附注，觉得索然少味，则转灭却其读正文之影像。何者宜从附注转归正文，何者宜直截割爱，何者宜加意收罗，当知正文、附注只是一篇文字，不宜有所轻重。

这些指导，对想写好文章的读者，也当有大益处。

此信精彩文字甚多，不能一一列出。但其中涉及治学根本处，笔者还是照录如下，以使更多读者受益。其文为：

穆平常持论，为学须从源头处循流而下，则事半功倍。此次读弟文时时感到弟之工夫，尚在源头处未能有立脚基础，故下语时有病。只要说到儒家、道家云云，所讨论者虽是东汉、魏晋，但若对先秦本源处留有未见到处，则不知不觉间，下语自然见病，除援庵、王静庵长处，只是可以不牵涉，没有所谓源头，故少病也。弟今有意治学术思想史，则断当从源头处用力，自不宜截取一节为之，当较静庵、援庵更艰苦始得耳。

同时，余英时对钱穆也有影响。余英时曾一再请求钱穆写回忆文章，以便为民国学术史留一些珍贵资料，这有助于钱穆下决心写《师友杂忆》。

主要参考资料

钱穆：《八十忆双亲 师友杂忆》，生活·读书·新知三联书店，1998年。

钱穆：《新亚遗铎》，生活·读书·新知三联书店，2004年。

李埏：《昔年从游之乐，今日终天之痛——敬悼先师钱宾四先生》，出自《钱穆纪念文集》，上海人民出版社，1992年。

严耕望：《治史三书》，上海人民出版社，2011年。

严耕望：《钱穆宾四先生与我》，台湾商务印书馆，2008年。

余英时：《钱穆与现代中国学术》，广西师范大学出版社，2006年。

熊庆来　　　　　　　华罗庚　　　　　　　陈景润

熊庆来·华罗庚·陈景润

当华罗庚在1954年认识陈景润时，陈景润的处境非常糟糕。这位数学天才性格内向，在厦门大学数学系毕业后分配到北京当老师，却因学生听不懂他讲的课而被退回到原校，在厦大图书馆工作。华罗庚偶然了解到陈景润的情况以及陈正在研究的数学课题，觉得陈景润是个可造之才，便像当年熊庆来破格提拔他一样，破格将陈景润调到中国科学院数学研究所。又一位数学大师由此崭露头角。

1910年11月12日,华罗庚生于江苏金坛。在这位中国杰出的数学家、教育家和社会活动家诞辰100周年之际,他的精神和事迹仍然激励着世人。

尤其是,他以一个初中毕业生而自学成才成为科学巨匠的故事激励了无数的后人!

但能自学成才的人,往往更需要伯乐。这就不能不提熊庆来。

帮助"千里马"

与华罗庚不同,著名数学家熊庆来是科班出身,不仅就学于云南省高等学堂,而且在法国格诺大学、巴黎大学等学府攻读数学,获理科硕士学位。1934年,他用法文撰写的《关于无穷级整函数与亚纯函数》发表,获得法国数学界的交口赞誉,并以此获得法国国家博士学位。这篇论文中定义的"无穷级函数",国际上称为"熊氏无穷数",被载入世界数学史册。回国后,熊庆来在多所大学任教,担任过清华大学教授和系主任、云南大学校长。从1957年开始,在中国科学院数学研究所工作。作为学者,熊庆来潜心研究,不断推出成果。作为教育家,熊庆来不遗余力地发现和培养人才。我国许多科学家,如数学家许宝騄、段学复、庄圻泰,物理学家严济慈、赵忠尧、钱三强、赵九章,化学家柳大纲等都是他的学生。在他七十多岁的时候,仍抱病指导了杨乐和张广厚,这两人后来也成为数学家。尤其是他不拘泥于学历和文凭,发现并培养华罗庚的经历,值得那些只重文凭的人好好反思。

那是在1931年,时任清华大学算学系主任的熊庆来教授在

《科学》杂志上看到了华罗庚的一篇文章，题目为《苏家驹之代数的五次方程式解法不能成立之理由》。这篇文章是杨武之教授推荐他看的，文章虽然只有三页，但言简意赅、十分清晰地阐明了"不能成立"的理由，而且文风很好，诚恳而谦逊。熊庆来非常重视，觉得这位作者不简单，于是四处打听。熊庆来秉承的是中国自古以来惜才爱才的优良传统，这在当时其实并不稀奇。就像陈寅恪在考卷中发现钱伟长是个人才后，便也是迫不及待地想见到这位学生。但华罗庚的情形显然与钱伟长并不相同，他是个失学青年，虽然上过黄炎培等人创办的"中华职业学校"，但不久就因为家境贫寒而辍学。他只是凭着刻苦的自学，在数学领域中摸索着前进。

在熊庆来找到华罗庚的时候，华罗庚刚得过一场可怕的伤寒病。全家人到处借钱、典当，想尽办法为他求医看病，又幸得妻子日夜精心照料，使他终于摆脱病魔。即便如此，华罗庚仍落下瘸了一条腿的后遗症，其家境贫寒也是可想而知的。熊庆来了解到华罗庚的处境，写信约他见面交谈。1931 年 8 月，清华大学，熊庆来热情地接待了满脸病容的华罗庚。交谈中，熊庆来迅速发现了华罗庚的才华和潜力，这是"一匹典型的千里马"呀！熊庆来下决心帮助这位年轻人。

不久，华罗庚被聘担任清华大学算学系办公室助理员，每月工资为 40 大洋，并允许他旁听大学的课程，算学系的图书馆也由他管。第二年放暑假，华罗庚回家探

17 岁的华罗庚

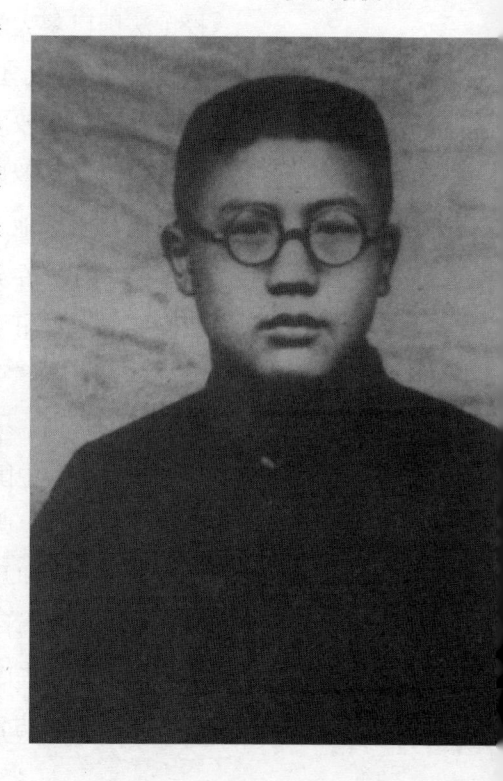

亲。临别时，熊庆来害怕华罗庚不回来，特地叮嘱道："你可一定要回来呀！别嫌这儿的钱少，以后会给你加的。"其实，华罗庚在家乡累死累活也只能挣到18块大洋。更何况，他能够在清华大学这样的最高学府从事他的数学研究，这是他感到最幸运的事！1933年，清华大学算学系破天荒地聘请只有初中文凭的华罗庚为助教。这自然会受到一些人的非议，但熊庆来顶住了压力。叶企孙院长也起了至关重要的作用。叶企孙说："清华出了个华罗庚是一件好事，不要被资格所限定。"

在一流的学习环境中，在熊庆来教授的着力培养下，华罗庚更加刻苦钻研，展露出更多的才华，受到了包括外籍教授（法国巴黎大学的阿达马教授、美国麻省理工学院的维纳教授）的器重。1936年夏，在熊庆来等人的支持下，由清华大学推荐，华罗庚前往英国剑桥大学深造。1937年，在国难当头之际，华罗庚放弃优越的学习条件，没有获得学位便回到祖国。由于他发表过的高水平的文章，西南联大聘请他为数学系主任。在异常艰苦的环境中，华罗庚白天讲课，晚上在微弱的菜油灯下进行着数学攻坚战，最终写出了数学名著《堆垒素数论》，受到了国际数学界的重视，使他进入世界知名学者的行列。

华罗庚为中国科学界乃至世界科学界做出杰出贡献。他是中国解析数论、典型群、矩阵几何学与多复变函数论等多方面研究的创始人和开拓者。他的学术论文《典型域上的多元复变数函数论》，被评为中国科学一等奖；他的研究成果被国际数学界命名为"华氏定理"、"布劳威尔—加当—华定理"、"华—王（指王元）方法"；他写出了二百篇学术论文，十部专著，其中八部被翻译成外文，有些已成为数学经典著作；他还撰写了十余部科普作品，为科学普及做出成绩。不仅如此，华罗庚还是我国最早把数学理论研究与生产实践紧密结合的科学家，他在全国推广"优选法"和"统筹法"（简称"双法"），为中国国民经济的发展做出卓越贡献，受到毛泽东、周恩来、胡耀邦等国家领导人的高度评价。

在华罗庚不断取得成绩的时候，他始终对熊庆来怀着感恩之情。熊庆来是他的伯乐，如果不是熊庆来，华罗庚再有潜力，又能如何？

"文凭只能作参考"

1969年2月3日，熊庆来不幸去世。由于在"文革"特殊岁月中，熊、华二人均处逆境，无法交往。但是当熊庆来先生去世的消息传到华罗庚耳中时，他伤心欲绝，不顾一切地想要见恩师最后一面。熊庆来的遗体已送入火葬场，华罗庚赶到焚化间，在他的恳求下，方得以翻遍遮尸布，见到熊庆来的遗容。"文革"后的1978年，中国科学院在北京八宝山革命公墓礼堂隆重举行熊庆来教授骨灰安放仪式，华罗庚写《哭迪师》以作悼念。诗文如下：

恶莫恶于除根计，

1984年，华罗庚获美国科学院外籍院士时用中文签名

文化人的"死"与"生"

1978年全国科学大会上,华罗庚和他的学生陈景润(右一)、杨乐(左一)、张广厚(左二)交谈

痛莫痛于不敢啼。
尸体已入焚化间,
谁是？翻遍盖面布,
方得见遗容一面,
骨架一层皮。
往事滚滚来,
如实又依稀……
往事休提起！
且喜今朝四凶殄灭,
万方欢喜。
党报已有定评,
学生已有后起,
苟有英灵在,
可以安息矣！

难能可贵的是，华罗庚继承了熊庆来惜才爱才的传统，不遗余力、不拘一格地发现和培养人才。他在讲学中经常提到"尊重知识、尊重人才"的重要性，并认为："重人才绝不等于重视文凭，而是重视才能，即重视研究问题、解决问题的实际能力，文凭只能作参考。我二十八岁任西南联大教授，三十八岁成为美国的教授，但我并没有博士头衔，是我国学部委员中唯一没有博士头衔的。爱迪生、法拉第也都不是博士。所以，不能只重文凭。我们的教育一定要讲求实效，使学生真正具有真才实学，做到博学多能。美国人对中国学生的评价是：考试成绩很好，但研究能力差。张光斗同志说：有很多工程科学学位论文是第三流的数学文章。因为学生没有实际经验，只能用数学分析来凑数。要给学生以更多的自由，让他们独立思考。"

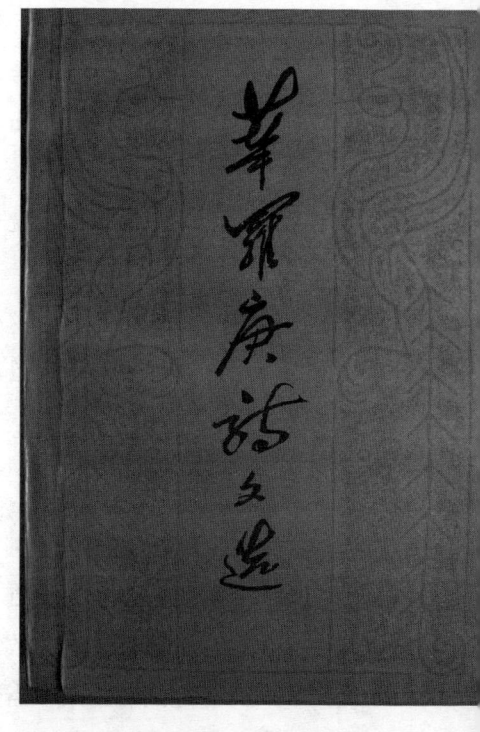

《华罗庚诗文选》书影

他在1985年发表的《要培养大批有真才实学的人》一文中呼吁：

> 培养大批有真才实学的人，我们的教育体制也要改。现在我们的教育体制的弊端是分流不够，只有一条路：小学、中学、大学、研究生。因此，拥挤不堪。这里有科举制的影响。在封建社会，青年成名三部曲：秀才、举人、进士。这种科举制，只有少数人能上去，多数人只落得悲

惨的下场，像孔乙己、范进中了举人，高兴得都疯了。古人说：一登龙门身价十倍。我们要建立新的教育体制，要让它行行出状元，各行各业都有前途，都有奔头，要形成：龙门之下沃野千里。一句话，科学教育要分流，要从实，要培养造就大批有真才实学的人。

正是有了这样的认识，华罗庚能像当年熊庆来赏识培养他一样来对待陈景润。

知遇之恩

当华罗庚在1954年认识陈景润时，陈景润的处境也是非常糟糕。这位数学天才性格内向，在厦门大学数学系毕业后分配到北京四中当数学老师，却因学生听不懂他讲的课而被退回到原校，在厦大图书馆工作。有一天，华罗庚到厦门大学，偶然间了解到陈景润的情况以及陈正在研究的数学课题，觉得陈景润是个可造之才，便破格将他调到中国科学院数学研究所，并亲自指导。

众所周知，在经过艰苦的研究和探索后，陈景润摘取了世界瞩目的数学明珠——在哥德巴赫猜想问题上获得了突破性的成果，并由此被公认为国际级的数学奇才。

同样，在陈景润获得成功的时候，他也像华罗庚感激熊庆来一样，时刻不忘华罗庚的恩情。这种感情，在华罗庚一度受迫害时更显出其珍贵。

据华罗庚长子华俊东回忆："'文革'中，'四人帮'曾派人做陈景润的工作，要他揭发爸爸（华罗庚）两个问题：一是爸爸剽窃了他的成果，二是爸爸压制年轻人。但陈景润却始终坚持一句话：'华罗庚从未剽窃过我的研究成果，我是华老的学生。'陈景润对爸爸非常尊敬，在家里，每当电话铃响，只要是陈景润打来的，他的第一句话总是：'我是华老的学生陈景润……'"

1985年6月12日，华罗庚在日本东京大学做学术报告。精彩的报告刚刚结束，华罗庚便因心脏病发作倒在了讲台上。

华罗庚逝世的消息传来，陈景润悲痛万分，不停地说："华老走了，支持我、爱护我的恩师走了……"此时的陈景润久病缠身，连穿衣吃饭都得别人帮助，但他无论如何也要参加恩师的追悼会。追悼会开了40分钟，陈景润坚持站了40分钟，他一直不停地哭泣，感念着华老对自己的知遇之恩！

1985年6月12日下午5时，华罗庚在东京大学向日本数学界做报告时的留影

主要参考资料

中国民主同盟中央委员会宣传部编：《华罗庚诗文集》，中国文史出版社，1986年。

王元：《华罗庚》，大连理工大学出版社，1998年。

丘成桐、杨乐、季理真主编：《传奇数学家华罗庚：纪念华罗庚诞辰100周年》，高等教育出版社，2010年。

陈垣　　　　　启功

陈垣对启功的破格聘用

1935年，辅仁大学附属中学教师启功被解聘。理由是："中学还未毕业就教中学，不够资格。"启功很是灰心，觉得自己的教学能力比别的老师还要好，而且尽心尽力地工作，教出来的学生也非常优秀，为什么就因为没有一张纸而被挡在学校外面。他却不知道，好运正等着他。国学大师陈垣，时任辅仁大学校长，他知道启功的遭遇后，对启功说："当不成中学老师，就来大学当老师吧。"

文化人的"死"与"生"

陈垣与启功

1935年，辅仁大学附属中学教师启功被解聘。理由是："中学还未毕业就教中学，不够资格。"启功很是灰心，觉得自己的教学能力比别的老师还要好，而且尽心尽力地工作，教出来的学生也非常优秀，为什么就因为没有一张纸而被挡在学校外面。他却不知道，好运正等着他。

国学大师陈垣，时任辅仁大学校长，他知道启功的遭遇后，对启功说："当不成中学老师，就来大学当老师吧。"

为什么以严谨治学态度而闻名于世的教育家陈垣，会如此"草率"地做出这个决定？

其实并不草率。因为自学成才的陈垣更注重一个人的实际能力，他了解启功，知道启功能当一名优秀的大学老师。

启功出生于清朝皇族一个没落的家庭，虽然中学时学习成绩很好，但由于家境困难，不得不辍学回家，他在私塾中任过教，而且一直自学古典诗词，坚持不懈地写作。1933年，启功家的世交傅增湘先生拿着启功的作业去见陈垣，意在给潦倒的启功找点谋生的机会。陈垣认真阅读后，认为启功的文章与书法都很不错，答应马上见面。见面后，陈垣详细询问了启功的情况，特别是教私塾的经历。不久之后，启功被陈垣介绍到辅仁大学附属中学教一班的"国文"。此时，他对启功还不是很放心，于是不厌其烦地讲述自己的教学经验，谆谆告诫启功：

262

一、教一班中学生与在私塾屋里教几个小孩不同，一个人站在讲台上要有一个样子。人脸是对立的，但感情不可对立。

二、万不可有偏爱、偏恶，万不许讥诮学生。

三、以鼓励夸奖为主。不好的学生，包括淘气的或成绩不好的，都要尽力找他们一小点好处，加以夸奖。

四、不要发脾气。你发一次，即使有效，以后再有更坏的事件发生，又怎么发更大的脾气？万一发了脾气之后无效，又怎么下场？你还年轻，但在讲台上即是师表，要取得学生的佩服。

五、教一课书要把这一课的各方面都预备到，设想学生会问什么。

六、批改作文，不要多改，多改了不如你替他作一篇。改多了他们也不看，要改重要的关键处。

七、要有教课日记。自己和学生有某些优缺点，都记下来，包括作文中的问题，记下以备比较。

八、发作文时，要举例讲解。缺点尽力在堂下个别谈；缺点改好了，有所进步的，尽力在堂上表扬。

九、要疏通课堂空气，你总在台上坐着，学生总在台下听着，成了套子。学生打呵欠，或者在抄别人的作业，或看小说，你讲得多么用力也是白费。不但作文课要在学生座位行间走走，讲课时，写了板书之后也可下台看看。既回头看看自己板书效果如何，也看看学生会记不会记。有不会写的或写错了的字，在他们的座位上给他们指点，对于被指点的人，会有较深刻的印象，旁边的人也会感兴趣，不怕来问了。

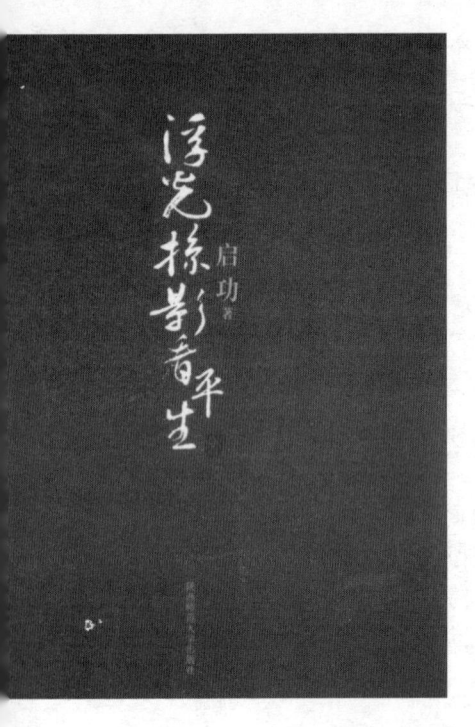

《浮光掠影看平生》书影

启功聆听教诲，认真地教学。在这个过程中，陈垣继续不断地与启功交流，以此获知启功的工作进展。他也从其他老师及学生处了解情况，甚至亲自去听课，以此判断启功的教学效果。最后，他得出一个结论，启功已成为优秀的中学教师！

同时，陈垣有意识地将启功与一些大学老师做比较，认为启功在学识上并不逊色，而在教学上，启功深得自己真传，更有许多可取之处。

陈垣当时已是德高望重的学术大师和多年的学校校长，但他始终坚持亲自教学。"重视学生们的基本功——阅读写作。他不但在各大学历史系任专业课，还以六七十岁高龄的老校长，在辅仁为大学一年级学生教国文，讲解阅卷很认真。这一面是训练学生们打基础；一面也为部分教师重视大一普通国文树立榜样，以身作则带动大家。"（陈述：《回忆陈援庵老师的治学和教学》）

他非常重视大学一年级的教学工作，认为聘用启功，一方面不埋没启功自身的才华，更重要的是为学生们找到一个合适的老师。

就这样，启功成为大学老师。他非常珍惜这个机会，努力工作，在学术及教学上同时提高。当然，他仍然要不断地受到陈垣的"监督"。

晚年的启功曾这样回忆："陈老师对各班'国文'课一向不但是亲自过问，每年总还自己教一班课。各班的课本是统一的，选哪些作品，哪篇是为何而选，哪篇中讲什么要点，通过这篇要使学生受到哪方面的教育，都经过仔细考虑，并向任课的人加以说明。学年末全校的一年级'国文'课总是'会考'，由陈老师自己出题，统一评定分数。现在我才明白，这不但是学生的会考，也是教师们的会考。……"

　　实践是检验真理的唯一标准。如果现在还问陈垣当时破格聘用启功对不对？我们会很确定地回答：当然是正确的。因为，启功不仅成为大学里的优秀教师，成为大学里德艺双馨的教授，而且被公认为著名的教育家、书画大师。

　　从这个事例，我们当有一些启发：文凭、学历固然是重要的门槛标准，而一旦采取一刀切的办法，就会埋没人才。殊不知，中国古代即有两种选用人才的方法：一种是科举制，一种是察举制。

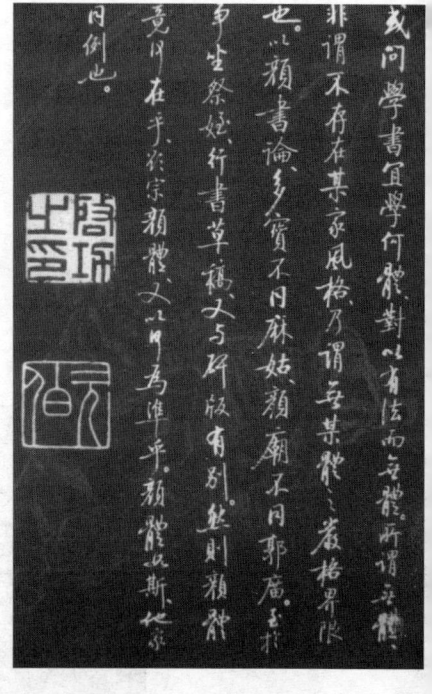

启功书法作品

主要参考资料

启功：《浮光掠影看平生》，陕西师范大学出版社，2010年。
陈智超编：《励耘书屋问学记：史学家陈垣的治学》，生活·读书·新知
　　三联书店，2006年。

蔡尚思　　　　　　张舜徽

从蔡尚思说到张舜徽

　　资格和学问，官位和道德，孰轻孰重，大家应该有个基本的判断。这反应着国民素质的高低。还有，学历和学力，到底哪个是根本，哪个是枝叶？也应该有最常识的判断吧。但现实生活中，往往就是本末颠倒。

　　另有一点，自学成才就不是才吗？当然是！诚如蔡尚思所讲："求学成才和自学成才则是都应该提倡的。"

文化人的"死"与"生"

《中国文化的优良传统》书影

2012年在北京图书大厦看到一本小开本的书，叫《中国文化的优良传统》，作者是蔡尚思。这是继梁漱溟的《中国文化的命运》、余英时的《中国文化的重建》之后，我所注意到的另一本书。大概翻阅了一下，里面的内容挺好，一篇篇短小的文章，涉及到中国传统文化的方方面面。作者蔡尚思，这个名字我一定在哪本书中见到的。但我当时只是知道有这么个人，不知道他是哪方面的学者。书的封面有作者照片，里面也有，但没有作者的介绍。他的写作风格，似乎与二十世纪七八十年代的有点接近，要晚于梁漱溟。这让我有点戒备。

从这本书来看，蔡尚思一定是有分量的学者。但我孤陋寡闻，对他一点都不了解。书中虽然有我感兴趣的内容，也只是匆匆一翻，没有细看。再加上有其他书要买，这本书就此搁下。

前段时间与王春瑜先生吃饭聊天。因聊起我出版了一本新书《低学历的五大师》，我又说还打算写写张舜徽。他说蔡尚思值得写，也是低学历的大家。如果写，他那儿有蔡尚思的全集。回来后我百度蔡尚思，原来他是在北大等学校当旁听生学到知识的，也是一位高寿学者，做出很多成绩。这当然深深地吸引了我。说也巧，我正要研究蔡元培，知道蔡尚思与蔡元培的关系，不免又增一份情感。但百度的介绍，他是有学历的。我就又问王春瑜先生，他说："蔡尚思跟我讲，他就是小学毕业。"

于是，我又想起了这本小书，下班后赶紧到北京图书大厦买了一本，然后在地铁上看了其中的几篇文章。

首先看的是《得力于自学而不求资格》。蔡先生写道："古来许多有高资格的学者都有真才实学，但许多有真才实学的学者却未必有高资格。例如唐代诗最著名，著名诗人也最多，但最大的诗人李白、杜甫，他们却都没有考中进士，进士诗人反而比不上落第诗人！"这是他的开场白，然后就又举出古往今来的许多例子，如宋代的郑樵、明代的李时珍、明清之际的黄宗羲、顾炎武、王船山等人、清末民初的章太炎，还有王国维、陈垣等人。这些人的经历有的是我知道的，有的却不知道，为我以后的写作提供了线索。

蔡尚思也讲了与自己有关的一段掌故，我看后就笑了。为什么？因为他说的对，还挺解气。不妨原话照抄，录于其下：

记得我在北京求学时期，有一个在北京一所私立大学读书的福建安溪人，经常对我们夸耀说："我们的李文贞资格、学问、功德、官位都很高。"李文贞公即李光地。我却对他说："你的话半对半不对；李光地这个人，资格是进士，官位是宰相，确实很高；而学问道德却是相反的。我们福建出了这种人，是丢脸，不是光彩！我们看人，不管古人和今人，都要看他们的学问和道德，而不要光看他们的资格和官位。前者少而有价值。后者多而没有价值。"他听后，说我骂他的祖宗，气得要死！

这段文字放到现在，也是值得好好说说。资格和学问，官位和道德，孰轻孰重，大家应该有个基本的判断。这反应着国

蔡尚思获奖证书

民素质的高低。

还有，学历和学力，到底哪个是根本，哪个是枝叶？也应该有最常识的判断吧。

但现实生活中，往往就是本末颠倒。

另有一点，自学成才就不是才吗？当然是！所以诚如蔡尚思文末所讲："求学成才和自学成才则是都应该提倡的。"

我又细读了《终身同时间竞赛，分秒必争》，这篇文章能给我激励，让我更加珍惜时间。里面也是讲了很多例子。例如孙思邈，活到101岁，自谓"白首之年，未尝释卷"。这让我想到了周有光。他现在108岁了，何曾释卷？

令我更感兴趣的是，蔡尚思提到了张舜徽。为了提倡张舜徽的精神，蔡先生简单介绍了张舜徽后，引用了一些文字。我也引用如下：

《张舜徽百年诞辰纪念国际学术研讨会论集》书影

> 当代史学家张舜徽就是较能坚持治学到底的一位，他少时就赶快读完一些大部头书如《二十四史》、《资治通鉴》等。即在"文化大革命"时期被冲击，仍出大批研究成果，共达三百七十多万字。就是上了70岁，仍努力治学，从未放松过。他自述："一生自少至老，从来没有晏起过；日历上也从来没有星期天和节假日。在学术研究工作上，没有放松过。经过长期奋

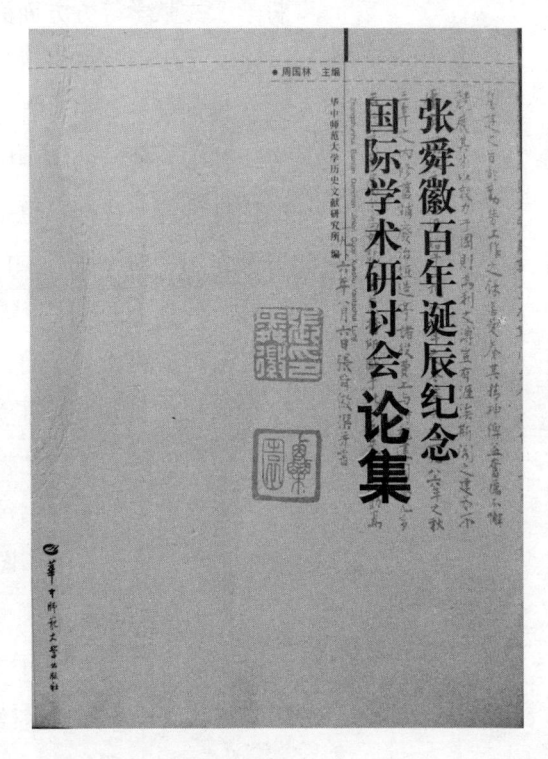

斗，不独不感到疲倦，反而觉得精神愈用愈出，聪明愈用愈灵。到了晚年，总觉工作做不完，非努力前进不可。所以现年虽已七十，每晨还是四点钟起床，盥洗、叠被、整顿几案都毕，便开始工作。不自觉其疲困，感到乐在其中。这样的自强不息，自问还可坚持下去。"这位被称为"没有文凭的历史学家"，能够从少年一直坚持努力研究，真是很可贵的一个模范学者。

张舜徽生于1911年，病逝于1992年。他是博通古今的著名学者，一生笔耕不辍，著述字数超过一千万字（当然是手写）。出版书籍内容涉及小学（文字、声韵、训诂之学）、经学、史学、哲学、文献学等方方面面。他的学术著作有《中国古代史籍校读法》、《史学三书平议》、《说文解字约注》、《郑学丛著》、《清人文集别录》、《清人笔记条辨》、《清代扬州学记》、《旧学辑存》等。其中，他写的《中国文明的历程》与蔡尚思的《中国文化的优良传统》一样，也是一本雅俗共赏的图书，能起到很好的普及作用。对于张舜徽的最后时光，他的女儿张屏这样介绍："1992年11月27日清晨父亲安详地走了，他没有留下太多遗憾。他很欣慰投入了自己大量心血的重要著作都已顺利出版；逝世前一周，他完成了为《资治通鉴全译》撰写的6000字的序言；逝世前一天，他将自己全部著作的手稿和各种版本的著作亲手交给了湖南图书馆馆长，由湖南图书馆保藏，办理好了交接手续，这是应湖南图书馆建立湘籍名人文库征集工作的多次请求而做出的决定。"张舜徽终年82岁。

蔡尚思生于1905年，病逝于2008年。他是著名的历史学家，出版过《中国思想研究法》、《中国文化的优良传统》、《王船山思想体系》等多部学术著作。他是 80 岁才退休的，退休之后还陆续撰写《中国礼教思想史》《周易思想要论》《墨子思想要论》等一批新著。2005 年，上海古籍出版社出版了约 400 万字共八册的《蔡尚思全集》。相比于张舜徽，蔡尚思更长寿，他活了 104 岁。对于他们，我只能心存敬意。

主要参考资料

蔡尚思：《中国文化的优良传统》，北京大学出版社，2012 年。

周桂发、施宣圆、傅德华主编：《永不毕业的蔡尚思》，复旦大学出版社，
　　2009 年。

张舜徽：《中国文明的历程》，中华书局，2011 年。

张屏：《若驽马之耐劳　如贞松之后凋》，出自《张舜徽百年诞辰纪念国
　　际学术研讨会论集》，华中师范大学出版社，2011 年。

季羡林　　　　　　　　马识途

从季羡林说到马识途

"文革"结束后,马识途决心将自己在"文革"中的经历写成书,他"希望从这些鲜为人知的事实中,引发善良的人们进行冷静的思考,从这里得出必要的结论,引为将来的鉴诫"。这本书就是《沧桑十年》。出版之前,80多岁的马识途曾专程向季羡林请教,他们谈起了"文革",畅所欲言,相见恨晚。当马识途拿出书稿时,季羡林更是非常高兴,马上答应给这本书写序,而且害怕这本书无法出版,特地出钱到街上复印了一份自存。

晚年季羡林

在我的记忆中，季羡林永远是一个腰板挺直的健康形象，他说话底气十足，红光满面，精力充沛，让人无法把死亡与他联系起来。

这是20世纪90年代末，季羡林老人给我的印象。说也怪，这个印象就永远地定格于我的脑海，再也无法抹掉。

2006年2月，已经95岁高龄的季羡林对拜访他的人说："我的目标是活到150岁。"我在报纸上看到这个消息，忍不住乐了一下，自言自语道："恐怕不行吧。"但也丝毫没把季羡林与死亡联在一起。

2009年3月，一位外交部的同志告诉我："前几天我见到季老了，他的身体硬朗着呢。"提到季羡林的时候，这位同志神采飞扬，似乎季羡林对他的感染仍保留不退。

2009年6月底，听一位朋友说，冯其庸前往301医院看望季老，季老身体健康，大家都觉得他活到100岁没问题。

当年7月8日，将近凌晨的时候，我因思绪杂乱，无法入睡。为转移注意力，随手翻出一本《读人记》的图书，见到季羡林所写的《我眼中的张中行》，便津津有味地看了起来。在这篇悼念张中行的文章中，季羡林保持了一贯的风格，主要写自己与逝者的交往，写逝者的文字多，写自己的文字也多。文字是活泼而跳动的，而在这些追忆文字当中，又总会见到季羡林自己对人对事的看法与思考。思考性的文字与追忆文字有时候看似毫不搭界，但季羡林有本事将它们浑然融为一体，虽文思纵横八万里，却真正达到了形散而神不散的效果。

记得看完那篇文章后，神思完全宁静下来，很快入睡。这是我好久以来又一次完整而认真地阅读季羡林的文章了，受益匪浅。

没想到，刚刚过去两天，便传来季羡林逝世的消息。2009年7月11日8时50分左右，文化大师季羡林在北京301医院病逝，享年98岁。

人品与风骨

季羡林，1911年生于山东清平，曾赴德国深造，精通12国语言，有的语言已成为绝学。他是著名的古文字学家、历史学家、东方学家、思想家、翻译家、佛学家、作家……他曾任中国科学院哲学社会科学部委员、北京大学副校长、中国社科院南亚研究所所长……他的学术研究领域很广，主要有印度古代语言、中印佛教史、吐火罗文译释、中印文化交流史、比较文学、文艺理论、东方文化、敦煌学等等，他的散文也写得很好，他的头衔似乎也多得数不过来。在盛誉的光环下，有人甚至把最佳诗人的桂冠都安置在季羡林的头上。这一点，季羡林不认可，我也有同感。季老虽然神通广大，但世人却也不必将其神化。其实，季羡林真正地被世人所尊敬与爱戴，在我的眼中，学问固然非常重要，但更重要的还是季羡林的人品与风骨，他真诚地对待别人和整个世界，他也直面自己；他坦率地说出自己对中国传统文化的推崇，他也客观而冷峭地"解剖"过自己。

最早接触季羡林的文章是在初中时期，看《人物》杂志连载他写的《留德十年》，觉得他了不起，但具体有什么影响，却很难说出来。1996年的时候，我在北京大学电教厅听过一次季羡林讲话。记得最清楚的就是，季羡林一开口就说："虽然有人反对我，但我仍然坚持我的观点，三十年河东，三十年河西，我认为，西方形而上学的分析已快走到尽头，而东方的寻求整体的综合必将取而代之。以分析为基础的西方文化也将随之衰微，代之而起的必将是以综合为基础的东方文化。"又过了大约三四年，在北大光华管理学院的教室里，第二次听季羡林的讲话。这位季老先生，仍然是一贯的风格，一张口就直来直去地说："我是这么认为的：不管别人怎么说，北大是最厉害的，是别的大学无法超越的。"这句话一说完，教室里的学生们一致鼓掌。我很不以为然，觉得这样浮躁的话不应该出自季羡林之口。隔一段时间，我与一位北大历史系的研究生提到这样的感想，这位自视甚高的研究生郑重地对我说："也只有季羡林配说这样的话。"我顿时哑口无言，再一次感受到季羡林在北大学生中真正的分量。仔细一想，如果从北京大学在中国历史中的地位，季羡林这些话应该也是对的。

那时候，北京大学流传很广的一则故事就是关于季羡林的。大概情形是这样的：有位新生前来报到，见到一位老头儿，便向他问路。然后又让老头儿给他看行李。自己呢，一去就是两三个小时。等重新返回的途中，新同学心里有点犯嘀咕了。他虽然不谙世事，但离开的时间毕竟太长了，而老头儿虽然面善，但毕竟是陌生人，他还会为自己看行李么？故事的结局当然是：等新同学回去的时候，老头儿正非常耐心地等着他。更没想到，几天后的一次会议上，新同学发现讲台上著名的季羡林老师竟然就是那位给自己看行李的老头儿。这件事当然是非常小的，却能体现季羡林做事的风格。也因为有这样的小事，季羡林在我的心目中变得非常亲切，所以一直关注他的情况。

为什么回忆"文革"？

1998年4月，中共中央党校出版社出版了季羡林撰写的《牛棚杂忆》，很快便成为畅销书。我也买了一本，认真地阅读起来。印象最深的有两个方面，一方面是季羡林勇于表露自己在特殊年代的真实想法，包括错误的想法。这与许多关于"文革"体裁的回忆录有所不同，那些回忆录中都是讲述自己如何受到错误的批判和折磨，从不提及自己也曾有错误的思想。而季羡林不同。例如，他在回忆1964年的情形时这样写道：

这是一本用血换来的和泪写成的文字
这是一代宗师留给后代的最佳礼品

《牛棚杂忆》书影

所谓反对陆平，是指一九六四年在社教运动中，北大一部分教职员工和学生，在极左思想的影响下，认为当时的党委书记兼校长陆平同志有严重问题，执行了一条资本主义复辟的路线，是修正主义的路线。于是群起揭发，一时闹得满园风雨，乌烟瘴气。我的水平奇低，也中了极左思想的毒，全心全意地参加到运动中来。越揭发越觉得可怕，认为北大已经完全烂掉了。我是以十二分虔诚的心情来干这些蠢事的，幻想这样来保卫所谓的革命路线。我是幼稚的，但是诚实的，确实没有存在着什么个人考虑、个人打算。专就个人来讲，我同陆平相处关系颇为融洽，他对我有恩而无怨。但是，我一时胡涂蒙了心，为了保卫社会主义的前途，我必须置个人恩怨于度外，起来反对他。这就是我当时的真实的思想。后来中央出面召开了国际饭店会议，为陆平平反，号召全校大团结，对反对过陆平的人，连一根毫毛也没有碰。我经过反思，承认了自己的错误，做了自我批评。

这样解剖自己，是难能可贵的。

另一方面，季羡林非常细致入微地写出了当时特殊的心理，而且分析得非常客观深刻。他这样写道：

我是一个胆小怕事的人，这是常态；但是有时候我胆子又特别大。在我一生中，这样的情况也出现过几次，这是变态。及今思之，我这个人如果有什么价值的话，价值就表现在变态上。

这种变态在"文化大革命"又出现过一次。

在"老佛爷"仗着后台硬为所欲为无法无天的时候，校园（指北京大学的校园——编者注）里残暴野蛮的事情越来越多。抄家，批斗，打人，骂人，脖子上挂大木牌子，头上戴高帽子，任意侮辱人，放胆造谣言，以至发展到用长矛杀人，不用说人性，连兽性都没有了。我认为这不符合群众路线，不符合什么人的"革命路线"。放着安稳的日子不过，我又发了牛脾气，自己跳了出来，其中危险我是知道的。我在日记里写过："为了保卫什么人的革命路线，虽粉身碎骨，在所不辞。"这完全是真诚的，半点虚伪也没有。

同时，我还有点自信：我头上没有辫子，屁股上没有尾巴。我没有参加过国民党或任何反动组织，没有干反人民的事情。我怀着冒险、侥幸又还有点自信的心情，挺身出来反对那一位"老佛爷"。我完完全全是"自己跳出来"的。

没想到，也可以说是已经想到，这一跳就跳进了"牛棚"。我在群众中有一定的影响，我起来在太岁头上动土，"老佛爷"恨我入骨，必欲置之死地而后快。我被抄家，被批斗，被打得头破血流，鼻青脸肿。我并不是那种豁达大度什么都不在乎的人。我一时被斗得晕头转向，下定决心，自己结束自己的性命。决心既下，我心情反而显得异常平静，简直平静得有点可怕。我把历年积攒的安眠药片和药水都装到口袋里，最后看了与我共患难的婶母和老伴一眼，刚准备出门跳墙逃走，大门上响起了雷鸣般的撞门声："新北大公社"的红卫兵来押解我到大饭厅去批斗了。这真正是千钧一发呀！这一场批斗进行得十分激烈，十分野蛮，我被打得躺在地上站不起来。然而我一下得到了"顿悟"：一个人忍受挨打折磨的能力，是没有极限的。我能够忍受下去的！我不死了！我要活下去！

我的确活下来了。然而,在刚离开"牛棚"的时候,我已经虽生犹死,我成了一个白痴,到商店买东西,不知道怎样说话。让我抬起头来走路,我觉得不习惯。耳边不再想起"妈的!""混蛋!""王八蛋!"一类的词儿,我觉得奇怪。见了人,我是口欲张而嗫嚅,足欲行而趑趄。我几乎成了一具行尸走肉,我已经"异化"为"非人"。

我的确活了下来,然而一个念头老在咬我的心。我一向信奉"士可杀,不可辱"的教条,怎么到了现在竟被我完全抛到脑后了呢?我有勇气仗义执言,打抱不平,为什么竟没有勇气用自己的性命来抗议这种暴行呢?我有时甚至觉得,隐忍苟活是可耻的。然而,怪还不怪在我的后悔,而在于我在很长的时间内并没有把这件事同整个的"文化大革命"联系在一起。……可见我的政治嗅觉是多么迟钝。

写《牛棚杂忆》的时候,季羡林先生已是 81 岁的高龄,被世人敬重,是国宝级的学术大师。

可是,为什么在这个时候,他却写那么多的文字回忆"文革"?

他当然不是去做什么"怀旧"——那段岁月没有什么可怀念的。

正如他自己所说:"我实在不愿意再回忆那一段生活,一回忆一直到今天我还是不寒而栗。"既然不愿意回忆,为什么还要这样大篇幅地专门去写呢?他有自己的解释:"这场空前的灾难，若不留下点记述，则我们的子孙将不会从中吸取应有的教训，将来气候一旦适合，还会有人发疯，干出同样残暴的蠢事。这是多么可怕的事情啊！今天的青年人，你若同他们谈十年浩劫的灾难，他们往往吃惊地又疑虑地瞪大了眼睛，样子是不相信，天底下竟能有这样匪夷所思的事情。他们大概认为我在说谎，我在谈海上蓬莱三山，'山在虚无缥缈间'。虽然有一段时间流行过一阵所谓'伤痕'文学。然而，根据我的看法，那不过是碰伤了一块皮肤，只要用红药水一擦，就万事大吉了。真正的伤痕还深深埋在许多人的心中，没有表露出来。我期待着当事人有朝一日会表露出来。"

在这样的心理下，季羡林盼了十二年，却一直没能盼出这样的文章。最后，他终于决定"期盼人不如期盼自己，还是让我自己来吧"。

当我们再次阅读《牛棚杂忆》时，所看到的不只是季羡林个人的遭遇，更多的还是那个令人不解的特殊年代的真实情形和真实心理。

特殊年代中的疯狂举动，人在特殊环境下发生的变质和疯狂，当给后人更多的警觉。

为什么革命？

朗润园位于北京大学校园内未名湖的北面，那里有一个小湖，湖面上荷花掩映。那儿还有曲径通幽，小桥流水。最妙的是，很少有游人前往，显得十分清净。季羡林的住所就在那里。

文化人的"死"与"生"

1998年的一天，季羡林迎来了两位客人：一位是马识途，一位是张彦，他们都是老共产党员，是西南联大时的同学，新中国成立后都担任重要职务。马识途住在成都，知道季羡林写《牛棚杂忆》后，大为感奋，决心带着他撰写的《沧桑十年》书稿与老友张彦一起向季羡林请教。季羡林热情地接待了他们。

马识途，1915年生于四川忠县石宝寨一个书香之家。幼年时曾在私塾接受古文启蒙教育，接着入乡村中学，接触新学潮流。处在兵荒马乱的时代，马识途很早就有了"路在何方"的困惑。16岁时在父亲的支持下，马识途负笈远游，到北平求学，寻求人生新路。北平大学附属高中的新式教育使马识途迅速成长起来，他勤奋地学习中英文教材，主编学校壁报，胸怀"天下兴亡，匹夫有责"的信念，接受并积极宣传进步思想。而日本侵略者的铁蹄从反面教育着年轻的马识途，使他知道：只有拼死抵抗，把日本侵略者赶出中国，中国人民才有活路。

1933年，在日本侵略者的铁蹄下，北平、天津非常混乱。马识途逃亡上海，继续求学，企图实现"工业救国"的美梦。在此期间，作为思想进步的青年，他卷入了"一二·九"学生运动，与上海进步学生以及文化界爱国人士有了接触，思想觉悟有所提高。1936年，马识途考入南京中央大学工学院

《沧桑十年》书影

化学工程系，刻苦学习，以图报效多难的祖国。然而，面对日军在中国横行的残酷现实，马识途无法做到"两耳不闻窗外事，一心专读科学书"，他参加了共产党领导的秘密革命组织南京学联，积极参加南京学生的爱国运动。他认识了志同道合的女同学刘惠馨，二人互相促进，革命热情更加高涨。在一次学校庆典中，马识途与刘惠馨倾听了已经出去工作的校友的讲述，才知道这些人毕业后只能给别人当"摆设"当"花瓶"，这对他们是一个很大的刺激，"工业救国"的美梦彻底破碎。

在中央大学，马识途进一步认识到国民党的腐败，他毅然放弃了继续深造的条件，走上道路坎坷的革命道路。为了革命的需要，马识途与刘惠馨分别。分别时，他们还没有成为正式的共产党员。他们彼此相约："一定要每个星期写一封信，特别是举行入党仪式后，一定要当天就给对方写一封信报喜。"如果马识途入党，他将告诉刘惠馨："理想的日子到来了。"如果刘惠馨入党，她将在信中写"最幸福的日子来到了"。不久之后，二人均加入了中国共产党。马识途的心中怀有这样的信念："在那个时代，有志气的青年，的确是把参加共产党当作自己最高理想，认为那就是自己最幸福的日子。"从此，马识途找到了真正的救国之路，而这也同样意味着，致命的危险和打击可能会随时降临在他的身边。

马识途没能按照自己原来的设想，跟随部队打游击，而是服从组织安排，在最危险的敌统中心手无寸铁地做着地下党工作。为了革命事业，马识途到底多少次死里逃生，这是难以计算的。

他是在南京沦陷前乘着最后一艘英国难民船离开南京的,当他顶着高压水龙头喷出的急流抓住栏杆攀上已不知超载了多少倍的船,并伸手将另外三位同伴拉上船后,他亲眼看到与他同时攀缘的一个难民因顶不住高压水龙头冲水,不多一会儿便掉了下去,被长江吞没。当他们离开南京不久,便得知南京发生了震惊中外的大屠杀。

在担任枣阳县委书记时,他为了将枣南的党组织出来,迅速发展,做好打游击的准备工作,马识途仅仅依靠一条很小的线索便冒险寻找已经隐蔽的地下组织,不仅因为误会而被痛打,而且差点被活埋。

在南漳,他差点被国民党特务绑架甚至暗杀;在襄河河滩,日本飞机用机枪向马识途一行人的头上扫射下来,好几个人顿时被打死,马识途跳入河水,才算捡了一条命;在吉红岗的土匪窝子里,到处传染的霍乱令人心惊胆战,一旦染上无药可治,马识途再次大难不死;从襄河返回吉红岗的路上,又是老三姐半路把他拦住,告诉他特务已经来抓他了,使他再脱险境;在太平场交通站,特务就埋伏在后院,幸亏扮作药铺老板的交通站长及时用暗语告诉了他,他见机迅速离开,而特务刚好在他离开交通站时从后面走出,生死又是悬于一线……

在与敌人的斗争中,马识途越来越成熟,革命意志则始终坚定不渝。在危险的环境中,马识途与他所爱的人刘惠馨则走得越来越近,他们情投意合,成为革命伴侣。1940年12月,刘惠馨生下了他们的女儿。马识途乐开了花,在回家的路上哼起他和刘惠馨最喜欢唱的《进行曲》:"快乐的心随着歌声飘荡,快乐的人们神采飞扬……"这在革命岁月中是多么温馨的事呀。可是，没过多久，刘惠馨因叛徒的出卖，被敌人抓了起来。她的小女儿也被带到了狱中，她的亲密战友何功伟也同时被捕。出事时，作为地下党的领导同志，马识途正在各地巡视。

不幸的消息传到马识途耳中，他马上意识到至爱的亲人将永远离开他。他写道：

"我这才感到全身疲惫无力到几乎站不起来，整个身体就像要散架了。我开始从麻木恢复到有知觉，我的眼泪好似要从眼眶里奔涌而出。我真想冲出门去，直奔到一个无人的旷野中狂走，我要呼号，我要痛哭，我要咒天骂地，我像一个点着了引线的炸弹要自我爆炸。

"我知道，何功伟，我尊敬的领导和朋友；刘惠馨，我最亲爱的人，他们是永远不会回来了，还有那个才生下来不过一个月的小女儿，她没有招惹谁，大概也是注定地活不出来了。血呀，到处是血呀。从我入党以来，我看到的是到处在流血，听到的是到处在流血。多少革命志士倒下了。现在，血，突然流到我的脚边来了。钱大姐早对我说过，革命不流血是不成的。为了人民，为了祖国，为了革命，我们随时要准备流尽最后一滴血。大何和小刘已经流血在前面了，我也要准备跟着他们流血在后。我知道，敌人一定在千方百计地追捕我，我时刻准备随小刘而去。

"但是血不能白流，我也要叫敌人付出血的代价。我必须活下去，为烈士们未竟事业而奋斗，公仇私恨，都要求我活出来，眼前的危难，同志们的安全，如何封堵被敌人突破的防线，如何不乱方寸地妥善其后，都需要我活下去，冷静地

文化人的"死"与"生"

处理好眼前的问题。我没有理由去伤心,去痛哭。'我没有时间悲痛!'……"

就这样,马识途将自己的悲痛强压了下来,将身边的同志安排到安全的地方。

这是皖南事变后的一段往事。马识途成为国民党黑名单上的人,被迫改名换姓。

按照党组织的安排,马识途继续在国民党统治区从事地下活动,但他必须转移战场,于是,他转学到达昆明,在27岁时考取了中国最好的大学——由北京大学、清华大学、南开大学三校共同组成的西南联合大学。

无怨无悔

马识途(前排右一)在西南联大

昆明灿烂的阳光是马识途永远不能忘却的。相对于湖北和四川的黑网,昆明自由的空气显得尤其令人舒畅。来到自己梦寐以求的西南联大学习,更是一件非常愉快的事情。

在异常简陋的环境中,西南联大却拥有一流的老师、一流的学生和高度自由的学术氛围。马识途在这里度过他美妙的时光。他一方面努力学习,饱汲着学术文学营养；一方面试图从看似波澜不惊的水面寻找革命火种。

初到西南联大时，由于正值国民党掀起全国性的反共高潮之时，昆明虽在较为开明的龙云统治之下，但毕竟仍在国民党的管辖范围，中统、军统派来的特务四处侦察破坏，并在西南联大制造反共阴霾。原先在西南联大的地下党组织及进步团体予以疏散，转入长期埋伏的状态。马识途自然也在埋伏状态，但他无时无刻在寻找、争取、发展进步力量，为革命高潮的来临做准备。

马识途有意识地广交朋友。很快，同宿舍的齐亮、吴国珩等人成为他的朋友，而齐亮本人就是一位潜伏的地下党员！马识途还在茶馆中认识一批同年级以及高年级同学，在讨论时事的过程中发现并结交进步青年。马识途喜欢文学，又进一步结交了不少文学青年……他很快与西南联大的进步力量融在一起，而进步力量在长期的压抑后必将予以突破。1941年的"讨孔运动"便是一个转机。珍珠港事件发生后，日军占领了香港和南洋许多地方。重庆派飞机抢运住在香港的国民党要员及文化界名人，但孔祥熙的家属却霸占了飞机。当人们到机场想要迎接一度被困香港的联大教授陈寅恪等著名学者的时候，他们没有看到这些人，从飞机上下来的却是孔祥熙的女儿孔二小姐以及她的洋狗。消息迅速传开，人们愤怒了，尤其是西南联大的学生们，他们纷纷组织起来，开展"讨孔运动"。马识途、齐亮等自然也参加了，但他们很快发现："讨孔运动"固然表达了群众积蓄已久的义愤，显示了人心的向背，然而，这样少数人的一次冲锋并不能改变当时的

青年马识途

政治形势，处理不好，反而会给国民党特务以可乘之机。因此，马识途、齐亮以及许多进步同学采取了及时刹车的举措，没有将运动盲目发展下去。这样一来，虽然蒋介石惊呼"讨孔"游行是抗战以来从未发生过的群众示威游行，虽然大特务头子康泽亲自前往昆明试图扼杀进步力量，但由于进步青年早已偃旗息鼓，再加上龙云不同意特务在他统治下的云南随便抓人，马识途等人躲过了抓捕，可以继续在西南联大学习。

1943年，马识途的组织关系终于转到昆明。省工委决定在西南联大建立一个党支部，由马识途、何功楷、齐亮三人组成，马识途任支部书记。此时，党支部奉行的方针是"三勤方针"，即："勤学、勤业、勤交友"。宗旨是："长期埋伏，积蓄力量，以待时机"。按照党支部讨论的决定，马识途尽可能退隐到二线，不动声色地团结和党接近的同学。更多的出头露面的工作由齐亮担任。齐亮积极地展开工作，通过办好学生食堂等方式为同学们办好事，联络进步同学，争取处于中间状态的同学，为党的工作打下坚实的群众基础。

"讨孔"运动后，马识途、齐亮身边迅速围拢来许多进步同学。李晓（现名李曦沐）、张光琛（现名张彦）、于立生（现名于产）、王松声、袁成源（现名袁用之）等与马识途、齐亮住在了同一宿舍。而这些进步同学又各自有自己的一个进步同学的圈子，于是围绕在马识途周围的进步圈子越来越大，汪子嵩、李凌、胡邦定、黎章民、涂光炽等人都在此时成为进步圈子中的成员，又在后来成为学生进步活动的领头人，一个个加入了中国共产党，成为地下党成员，不惜为革命抛头颅洒热血。"一二·一"运动、抗暴运动等许多可以载入史册的事件中，处处留下了马识途战友们的身影。而国民党黑暗的监狱中同样洒下了马识途战友们的鲜血，齐亮便是在解放前夕被国民党关押于重庆渣滓洞监狱，后与马识途的妹妹秀英一起为革命献出了宝贵的生命。《红岩》中不少人物原型就是马识途亲密的战友。

这一时期，马识途等人组织读书会、办壁报、组剧团……通过各种进步活动扩大地下党的力量，使进步力量深深地扎根于昆明。他们还积极联络进步教授，争取闻一多、吴晗等人加入到革命的队伍中。他们甚至与美国飞虎队大兵结下深厚的友谊……

1945年，抗战胜利，马识途也从西南联大毕业了。他的处境却似乎更加危险了，有人从国民党党部调查室特务那里看到一份黑名单，上面赫然有马识途的名字，而且在其名字下注明"必须消灭的危险分子"。这是马识途早已意料到的，丝毫不会影响他的斗志。他很快离开昆明，到滇南农村开展工作，为将来的武装斗争做准备。一年的开辟工作，马识途和他的战友们已经在农民中扎下了根，打下了坚实的基础。他干得非常起劲，渴望真枪实弹地与敌人展开武装斗争，可是这时，按照党组织的安排，马识途再次回到四川，又在敌人的包围中展开"生命悬于一丝"的地下工作。这一时期，马识途与志同道合的地下党成员王放结为革命伴侣。经过无数次的出生入死后，马识途终于以丰硕的成果迎来新中国的成立。1949年12月28日，成都解放日。解放大军举行了盛大的入城式，队伍以首长们的一队小车为先导，马识途作为熟悉成都的地下党负责人，与向黑樱处长坐在第一辆吉普车上在前面引路。还没走近北门，欢迎的群众已塞满了道

文化人的"死"与"生"

路，在车辆缓缓行动中，许多花束向他们抛了过来。"几百辆汽车在前面，后面是扛着各种武器、仪容整洁的解放大军队伍，威武雄壮。越是进入城中，欢迎的人越多。真是人山人海，一片欢腾"。地下党同志们都出来了，他们与马识途一起欢笑，但欢笑中有成串的眼泪。这既是欢喜的眼泪，也有辛酸与伤心，因为一些同志在即将迎来胜利时却被敌人杀害了。马识途也不由得黯然神伤。但是，胜利终于到来，天亮了，马识途他们无怨无悔。

前事不忘，后事之师

新中国成立后，马识途先后担任四川省建设委员会主任、建设厅厅长及中国科学院西南分院党委书记、副院长、中共中央西南局宣传部副部长、科委副主任等职，继续尽心尽力地为党和国家奉献自己全部的才智。可是没想到，就这样一位舍生忘死的老革命，在"文革"期间也被打成"反革命"，几乎送了性命。他的妻子——"一个革命一生的响当当的共产党员"，在病危中惊惧而死；他的子女受到牵连，家被抄，孩子们到处流落……

"文革"不仅给马识途及家人带来巨大的灾难，也给整个中国带来沉重的灾难和教训。"文革"结束后，马识途决心将自己在"文革"中的经历写成书公诸于世，他要把他"淌着血的心捧献于读者面前，不是乞求读者的同情和怜悯，也不是想激起仇恨和报复"，他"只是希望从这些鲜为人知的事实中，引发善良的人们进行冷静的思考，从这里得出必要的结论，引为将来的鉴诫，所谓'前事不忘，后事之师'是也"。这本书就是《沧桑十年》，他写了近十年，柜底压了六年，又经过两年多的周折，才终于公开出版。而在出版之前，80多岁的马识途曾专程向季羡林请教，他们谈起了"文化大革命"，畅所欲言，相见恨晚。当马识途拿出书稿时，季羡林更是非常高兴，马上答应给这本书写序，而且害怕这本书无法出版，特地出钱到街上复印了一份自存。

季羡林为什么会如此重视这部书稿？我们可以从他1998年6月4日为《沧桑十年》写的序言中找到答案。他说：

> 所谓"无产阶级文化大革命"是中国五千年的历史上一场空前的大灾难，这一点现在几乎没有人敢反对了。我个人认为，我们眼前的首要任务，不是追究哪一个人或哪一些人的责任或者罪行，而是不要放过这个千载难逢的机会，研究一下它产生的原因，真实公正地记录下它发展的过程，给我们后世子孙留下一点难得的经验和教训，使我们这个伟大的民族不要再蹈覆辙，不要再演出这样骇人听闻的悲剧。我认为，这是我们这些亲身陷入这场浩劫的人们的不可推卸的责任。
>
> ……
>
> 我曾苦口婆心地劝说我的"棚友"们写下自己的经历，然而言者谆谆，听者藐藐，我感到极大的失望。现在"棚友"马识途同志的《沧桑十年》可能就要问世了。马识途"棚友"的经历同我是不同的，他是老革命，是著名的作家。他在

文化人的"死"与"生"

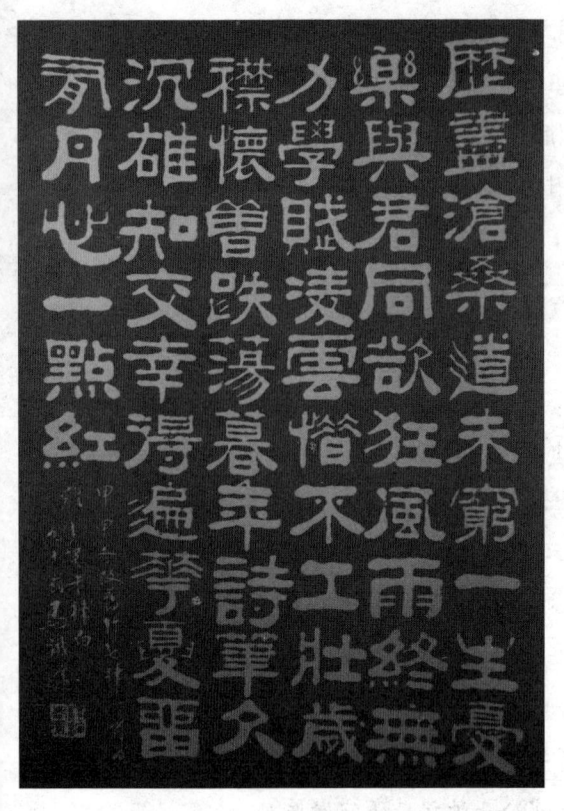

牛棚中的经历，同我大同而小异，殊途而同归。他肯写出来，对我来说，实如空谷足音。我翻看了他的原稿，觉得他的写法同我不完全一样，他写得更详尽，更质直。但是我们的目的却完全一样，是我们留给后代的最佳礼品：

> 它带去的不是仇恨和报复，
> 而是一面镜子，
> 从中可以照见善与恶，美与丑，
> 照见绝望和希望。
> 它带去的是对我们伟大祖国和
> 人民的一片赤诚。

马识途书法

在《沧桑十年》中，马识途对"文革"中的遭遇确实有更详尽的叙述，他对"文革"的分析与评价也似乎更为直接、全面、透彻、深刻。他在前言中这样写道：

这场所谓"革命"一开始，就把中国投入到一片混乱和荒诞之中，好像把中国一下拖回到最愚蠢、最荒唐、最野蛮、最黑暗的封建王朝时代里去了，一切法纪秩序和道德规范，荡然无存，一切公认的是非标准完全颠倒，所有生产都几乎停顿下来，生产力遭到严重的破坏。几乎所有的曾经出生入死战斗过的忠诚的老革命，一夜之间，全被打成反革命，许多人被淹没在血泊之中，更多的人被抓被关，被批被斗，折磨得死去活来。多少革命元勋，封疆大吏，包括堂堂的国家主席和许多元帅，不明不白地死去。许多正直的人莫名其妙地被打成反革命，弄到死无葬身之地。而一些政治野心家和投机分子，却窃夺国家大权，颠倒黑白，混淆是非，颐指气使，不可一世。一些跳梁小丑忽然加官进爵，上蹿下跳，浑水摸鱼，胡作非为。多少悲剧、闹剧、笑剧一幕一幕地上演，几乎每个人都在这个舞台上，身不由己地作了淋漓尽致的表演，每个人的灵魂都作了公开的展览。而这一切却都是以"文化大革命"的名义，在伟大领袖的亲自导演下上演的。这场悲剧直到他老人家撒手归天，"四人帮"被揪出来后，才落下了帷幕。

他这样分析，并提出问题：

然而这一切都是在革命的名义下进行的。谁也不会怀疑发动这场运动的人，是从国际共产主义运动的现实出发，为了把中国的革命继续进行到底，是在无数善良的干部和群众防止修正主义在中国复辟的善良愿望下进行的，是在无数诚心诚意革命的青年怀抱极大的狂热下进行的。我敢说除开极少数政治投机分子和阴谋家外，上上下下，开始参加"文化大革命"，都是为了想把中国的革命搞得更快更好，想要防止苏联式的修正主义在中国重演。然而谁能想到竟然弄到这样的结果？死了不计其数的人，损失了成千成万的好干部，使中国白白浪费了十几年宝贵的建设时光，损失了几千亿的财富。

然而，正是这种善良的动机却带来如此恶劣的后果，才更可怕，才使有头脑的中国人不得不思考，为什么会在中国大地上出现这样的怪事？它的社会根源和历史必然性是什么？怎么才能使这种浩劫不致重演？

马识途提出的问题其实也是许多人曾经想过的。不过，有的人想想也就过去了，不愿意或不敢触及。有的人把这场历史悲剧简单地归罪于某些政治阴谋家，或者将原因归于最高领导人的性格弱点和心理缺陷。这或许也有一定的道理，但如果只是这么去分析，就太局限了，解决不了大问题，也无法让历史教训在中国的现在和未来发挥大的作用。马识途认为：

晚年马识途

显然，要找到在中国大地上发生"文化大革命"的根本原因，必须找出它的历史根源和社会根源，必须从中国社会的根本性质、经济背景、政治沿革、文化心理、国际环境，以及领导人的气质个性，国民的劣根性等等错综复杂的情况中，去探求历史发展的轨迹。以这样来解释"文化大革命"中的许多现象，才能知道这到底是怎么一回事，应该接受的经验教训是什么，怎样才能防止这种历史的重演。

然而这一切都必须本于历史事实。只有把"文化大革命"中曾经发生过的一切生动的具体的事实，进行历史唯物主义的分析，才能得出正确的结论。回忆那一段历史事实，是不愉快的，甚至是痛苦的，然而是必要的。因此，在"文化大革命"中几乎没有例外地都亲罹其灾的政治家，特别是文学界的同仁们，应该用自己的笔把自己亲历的或见闻的事实，记录下来。

他又在后记中进一步分析和阐述：

谁都承认，"文化大革命"是一场灾难，但是如果从另外一个角度看，却是一笔宝贵的财富，用惨重的代价换来的一笔宝贵的财富。邓小平就是从这笔宝贵的财富里，寻找到中国前进的方向，从而寻找出正确的思想路线、经济路线和政治路线，并且制定出相应的方针、政策，最终发展成为建设有中国特色的社会主义道路，也就是我们现在说的邓小平理论。邓小平的理论显然不是从天上掉下来的，也不是从他的脑子里空想出来的，是从我们过去走过的道路，成功的经验，错误的教训中总结出来的。特别是"文化大革命"，使我们过去的弱点和缺点，突出地集中地暴露出来了，使我们从反面把问题看得更清楚，可以对症下药，找到康复之道。这就是邓小平把"文化大革命"当作一笔宝贵财富加以利用的作法。他做得很成功，挽救了濒临崩溃的中国，为中国开辟出一条富强的康庄大道。

为了不使"文化大革命"这样的悲剧重演，我们还应该从中国社会发展的历史去探求其发生的根源，作深层次的考察……如果从历史唯物主义的观点考察，"文化大革命"这样的事，使在中国社会土壤里和在中国历史现阶段发生的，也只有在现在中国这个环境里发生。邓小平在说到过去的错误时说："固然与某些领导人的思想、作风有关，但是组织制度、工作制度方面的问题更重要。"他说：

"即使像毛泽东同志这样伟大的人物,也受到一些不好的制度的严重影响,以至对党对国家对他个人都造成了很大的不幸。"他说"党和国家现行的一些具体制度中,还存在不少的弊端",他例举了如表现为高高在上,滥用权力,脱离实际,思想僵化,压制民主,打击报复,欺上瞒下,专横跋扈,贪赃枉法等的官僚主义;如把一切权力集中于党委、书记、第一书记,什么事个人说了算,独断专行,取消民主生活和集体领导的权力过分集中现象,这是封建专制主义的影响,也是发生"文化大革命"的重要原因;如表现为个人凌驾于组织之上,组织成为个人的工具,个人权力不受限制,对下颐指气使,搞一言堂,以至形成人身依附关系,形成父子君臣关系,如此一来,自然会形成对个人尽忠,搞个人崇拜。有了这种家长制作风,根本谈不上什么党内民主,什么社会主义民主;如此等等弊端,邓小平把这些都归结为带有封建主义色彩,是封建主义的残余思想。

我们国家经历了二千年封建主义统治,封建思想根深蒂固,且如邓小平说的,解放后没有注意肃清封建主义思想。在这样一个环境里,会发生像"文化大革命"这样的事,自然是不奇怪的了。这样的事,或早或迟,或以这种形态,或以那种形态,总要发生的。严格地说,"文化大革命"这样的事不是从1966年夏天开始的,在这以前,甚至追溯到解放初我们喊"万岁"的时候,我们唱《东方红》,叫"大救星"的时候,已经露出端倪。这不是毛泽东要我们喊的,要我们唱的,要我们说的,是我们把他捧为大救星,当作红太阳的,是我们自甘匍匐山呼万岁的。

只是我们喊了唱了，毛泽东心安理得地接受了。这种喊"万岁"，是封建王朝里才有的规矩，孙中山就任大总统时，有人喊"大总统万岁"，孙中山马上制止，并且以后不准再喊。一个资产阶级的民国总统，不准喊"万岁"，而我们无产阶级却喊了，而且被接受了。《国际歌》里说：不靠神仙皇帝，只靠自己救自己。而在中国却出了"大救星"，"万岁爷"。以至在"文化大革命"中发展为喊"万岁万岁万万岁"，发展为"最红最红的红太阳"，捧成天神了。

这说明什么？这说明我们一些人的思想意识还停留在上一个历史发展阶段，连资产阶级的自由、平等、民主思想，还有待吸收。……

马识途的这些话很容易让人观照到当下。我们现在的中国当然早已摆脱了"文革"的阴影，可是官本位的气息依然浓厚、官僚主义的作风仍然时常可见，走路横着走、处处媚上欺下的官员也还不少，关系网、裙带网十分盛行，有些人甚至还专门给"专制"找台阶找理论，冠上美丽的"桂冠"……这样，回顾"文革"，总结历史教训就更有现实意义。从"文革"中，我们可以看到，这样的浩劫是整个国家的浩劫，谁都跑不了，即便是短期内投机成功的人，即便是曾经的既得利益者——很多人不

马识途给本书作者的贺年卡

文化人的"死"与"生"

就是先整人,后来被人整得更惨吗?!很多人不就是先作威作福,最后落得个可悲的下场吗?!

无论是什么人,也无论是哪个所谓利益集团的人,我们寻求长远的幸福,就不要目光短浅。我们需要共同的进步,需要好的制度,需要好的民主与自由,需要在历史中汲取经验教训,有效地防止政治、经济、文化等各种各样环境中可能出现的阴霾,需要在信息高度发达的全球化时代以更为开阔的眼界开拓美好未来,这样,我们会幸福,并将造福于我们的后代。

马识途先生现在已99岁了,作为文学家,他写出了《清江壮歌》、《在地下》、《夜谭十记》、《雷神传奇》、《盛世微言》、《路》等小说、回忆录、杂文、诗歌集近二十部。2005年出版的《马识途文集》共计12卷13册,洋洋洒洒500万字,在中国当代文学史上书写了厚重的篇章。他仍然在思考着,写作着,2011年仍在中共中央党校出版社出版了《党校笔记》,这本书同样是他"以责任和良知记述的对国事和党史的思考"。直到现在,他仍积极思考,用电脑写作。2013年1月,马识途、魏明伦获巴蜀文艺奖终身奖。在颁奖会上,马识途说:"我曾经说过一句话,我愿意倒在我的电脑面前。我希望我们的四川的文艺家们都能够努力的为我们的繁荣昌盛发挥自己的力量,做出自己的贡献。我们经历过辉煌的岁月,但是也曾经经过困难的时间,然而我们终于迎来了改革开放,迎来了我们文艺的新的春天,因此我们的百花齐放、文艺昌盛,这必然是我们的前途。"

主要参考资料

季羡林：《牛棚杂忆》，中共中央党校出版社，1998年。

季羡林：《三十年河东 三十年河西》，当代中国出版社，2006年。

马识途：《在地下》，人民文学出版社，2005年。

马识途：《沧桑十年》，中共中央党校出版社，1999年。

沈从文　　　　　　　　莫言

从沈从文到莫言

在获悉沈从文、莫言乃至梁漱溟、钱穆、华罗庚、陈景润、启功、金克木等等自学成才者之后，我也不妨再强调一个问题：就是选用人才问题。

选用人才时究竟应该以能力为根本，还是应该以学历为根本？我的回答是：当然应该以能力为根本，学历只是体现能力的重要参考，"唯学历"则完全本末倒置。这应该是一个很浅显的道理吧。

文化人的"死"与"生"

2012年12月28日，打开凤凰网首页，突然看到一个熟悉的面容——沈从文。这是他年轻时的半身像，戴着圆框眼镜，穿着长袍，温文尔雅地笑着。旁边三行字：第一行为标题："太阳下的风景"，下面的文字是："纪念沈从文诞辰110周年：他与诺贝尔奖擦肩而过，他用沉默对待粗暴。"这让我想到，这一天正是沈从文先生诞辰110周年纪念日。

我该写点什么，纪念前贤，并借前贤的思想和经历为当下提供借鉴。然后，我的思路很快便联想到出版不久的《低学历的五大师》，书中所写的"五大师"中即有沈从文。因为沈从文只读过小学，但他成为举世瞩目的文学家和文物学家，他的经历可以激励和启发许多正在自学的人，他所受到的教育以及做出的成绩可以为现在的教育提供另一种借鉴，当然也可以给唯学历论者迎头一击，让我们的决策者以及人才录用单位不要只重学历而忽视了比学历更重要的能力，从而给整个社会一个正确的导向……这当然只是我自己的想法。为了增强说服力，我还写了梁漱溟、钱穆、华罗庚、金克木。尤其是华罗庚，他是一位自学成才的数学家。这样看来，自学成才者既可以是文科方面的，也可以是理科方面的，可以延伸到方方面面。

从沈从文，我又很快联想到今年的诺贝尔文学奖获得者莫言。在中国人未获得诺贝尔文学奖的时候，大家总在说："沈

《低学历的五大师》书影

从文是最接近诺贝尔奖的文学家。"如今，莫言成为获得诺奖的中国第一人。

有意思的是，沈从文小学刚毕业就进入社会，而莫言小学未毕业就辍学了。莫言在瑞典学院发表领奖演说时专门提到："就像中国的先贤老子所说的那样：'福兮祸之所伏，福祸福所倚'，我童年辍学，饱受饥饿、孤独、无书可读之苦，但我因此也像我们的前辈作家沈从文那样，及早地开始阅读社会人生这本大书。"

1931年的时候，沈从文写过一本《从文自传》。他非常坦诚地说："（《自传》）前一部分主要写我在私塾、小学时一段顽童生活。用世俗眼光说来，主要只是学会了逃学，别无意义。"逃学当然不是什么光彩的事情，但我们要看看沈从文为什么要逃学。《从文自传》中这样写："六岁时我已单独上了私塾。如一般风气，凡是老塾师在私塾中给予小孩子的虐待，我照样也得到了一份。"现在我们普遍认为，老师是心灵工程师，要呵护引导学生，怎么可以打孩子呢？但在当时，用板子打学生却是学校里常见的。不仅打，还要罚，不顾及孩子的尊严，乃至于到了虐待。既然如此，学生怎么会喜欢上学？沈从文本来有强烈的求知欲，而老师对沈从文的求知欲不屑一顾，只要求学生学会书本中的枯燥文句，以应对以后的科举考试。在这种情况下，偏巧周围的大部分学生都有逃学的经历，于是沈从文便到自然界和社会上去满足自己的求知欲。他说：

《从文自传》书影

文化人的"死"与"生"

生活中充满了疑问，都得我自己去找寻解答。我要知道的太多，所知道的又太少，有时便有点发愁。就为的是白日里太野，各处去看，各处去听，还各处去嗅闻，死蛇的气味，腐草的气味，屠户身上的气味，烧碗处土窑被雨以后放出的气味，要我说来虽当时无法用言语去形容，要我辨别却十分容易。蝙蝠的声音，一只黄牛当屠户把刀插进它喉中时叹息的声音，藏在田塍土穴中大黄喉蛇的鸣声，黑暗中鱼在水面拨剌的微声，全因到耳边时分量不同，我也记得那么清清楚楚。因此回到家中时，夜间我便做出无数希奇古怪的梦。经常是梦向天上飞去，一直到金光闪烁中，终于大叫而醒。这些梦直到将近二十年后的如今，还经常使我在半夜里无法安眠，既把我带回到那个"过去"的空虚里去，也把我带往空幻的宇宙里去……结果能逃学时我逃学，不能逃学我就只好做梦。

莫言与大自然的亲密关系，更多从他小学辍学后开始。他在获奖感言中说：

我小学未毕业即辍学，因为年幼体弱，干不了重活，只好到荒草滩上去放牧牛羊。……到了荒滩上，我把牛羊放开，让它们自己吃草。蓝天如海，草地一望无际，周围看不到一个人影，没有人的声音，只有鸟儿在天上鸣叫。我感到很孤独，很寂寞，心里空空荡荡。有时候，我躺在草地上，望着天上懒洋洋地飘动着的白云，脑海里便浮现出许多莫名其妙的幻象。……有时候我会蹲在牛的身旁，看着湛蓝的牛眼和牛眼中的我的倒影。有时

莫言的著作

候我会模仿着鸟儿的叫声试图与天上的鸟儿对话，有时候我会对一棵树诉说心声。但鸟儿不理我，树也不理我。许多年后，当我成为一个小说家，当年的许多幻想，都被我写进了小说。很多人夸我想象力丰富，有一些文学爱好者，希望我能告诉他们培养想象力的秘诀，对此，我只能报以苦笑。

在很小的时候，沈从文与莫言都对活生生的现实生活与故事产生了浓厚的兴趣。这无意中为他们未来的文学之路奠定了最好的基础。沈从文回忆："当我学会了用自己眼睛看世界一切，到一切生活中去生活时，学校对于我便已毫无兴味可言了。""我自己总以为读书太容易了一点，把认得的字记记那不算什么希奇。最希奇处，应当是另外那些人，在他那份习惯下所做的一切事情。为什么骡子推磨时得把眼睛遮上？为什么刀烧红时在

307

盐水里一淬方能坚硬？为什么雕佛像的会把木头雕成人形，所贴的金那么薄又用什么方法作成？为什么小铜匠会在一块铜板上钻那么一个圆眼，刻花时刻得整整齐齐？这些古怪事情实在太多了。"莫言也说："辍学之后，我混迹于成人之中，开始了'用耳朵阅读'的漫长生涯。二百多年前，我的故乡曾出了一个讲故事的伟大天才——蒲松龄，我们村里的许多人，包括我，都是他的传人。我在集体劳动的田间地头，在生产队的牛棚马厩，在我爷爷奶奶的热炕头上，甚至在摇摇晃晃地进行着的牛车上，聆听了许许多多神鬼故事，历史传奇，逸闻趣事，这些故事都与当地的自然环境、家庭历史紧密联系在一起，使我产生了强烈的现实感。我做梦也想不到有朝一日这些东西会成为我的写作素材，我当时只是一个迷恋故事的孩子，醉心地聆听着人们的讲述。"

我们可以断言，沈从文如果不是后来到北京求学，学习书本知识，在写作过程中向古今中外的优秀作家学习，如果没有徐志摩、胡适等人的欣赏与帮助，他肯定不会成为文学家的。莫言也一样，他要成为文学家也需要后来的书本学习和名师指点，正如他所讲："1984年秋，我考入解放军艺术学院文学系。在我的恩师、著名作家徐怀中的启发指导下，我写出了《秋水》、《枯河》、《透明的红萝卜》、《红高粱》等一批中短篇小说。"然而，故乡及小时候的生活是他们创作的根本源泉。沈从文最好的小说是写湘西。莫言的根在高密："在《秋水》这篇小说里，第一次出现了'高密东北乡'这个字眼，从此，就如同一个四处游荡的农民有了一片土地，我这样一个文学的流浪汉，终于有了一个可以安身立命的场所。"这样，具有讽刺意味地得出一个结论：他们的成功与他们小时候摆脱学校约束有很大的关系。摆脱学校意味着摆脱正常的教育。难道说，学校教育不应该提倡？当然不是！不应该提倡的只是当时枯燥刻板的封建式教育。

由沈从文和莫言的经历，我们自然也会联想到现在的教育。我们不妨想一些问题：我们的教育是不是仍然很大程度上是应试教育和填鸭式教育？是不是仍然灌输很多与现实脱节的书本知识、注重教学生知识及考试技巧，而忽视更为根本的做人方面的教育？是不是多用简单机械式的统一教育，缺少活泼泼的与学生个性发展相适应的素质教育……如果是这样，学生的兴趣能有多少？学生的创造力能有多少？对学生未来的发展能有多少好处？

在获悉有沈从文、莫言乃至梁漱溟、钱穆、华罗庚、陈景润、启功、金克木等等自学成才者之后，我也不妨再强调一个问题：就是选用人才问题。

选用人才时究竟应该以能力为根本呢，还是应该以学历为根本？我的回答是：当然应该以能力为根本，学历只是体现能力的重要参考，"唯学历"则完全本末倒置。这是一个很浅显的道理。然而，现在有些地方竟然将"唯学历论"发展到只用重点院校的学生，而且只用研究生、博士生，甚至于已经是博士了还要面临"查三代"的难关，就是你的本科也必须是名校。如果这些不合格，你能力再高也进不了门槛。这些现象真是让人奇怪。我想知道，这样的用人方式，其源头在哪里？而有了这样的用人方式，再加上普遍的应试制度，我们的教育会有什么危机？整个社会的发展会面临怎样的困难？

文化人的"死"与"生"

要想根本解决问题，就要从源头抓起。这一系列的问题到了该解决的时候了。

主要参考资料

沈从文：《从文自传》，北京十月文艺出版社，2008年。

莫言：《讲故事的人》，出自《作家文摘》2012年12月11日"散文"版。